逆權論我城

安徒

目錄

我城•回憶

天朝・家國

歷史・紀念

序言

收錄在《逆權論我城》這本文集的，是筆者最近數年在報章上發表過的政治或文化評論。我對上一本文集《殖民家國外》出版於二〇一四年初，當時還未發生雨傘運動。而這本文集問世之時，中共已決定為香港製定「港區國安法」，而美國也已經認定，此舉無異於把香港變成「一國一制」。

想當年，《中英聯合聲明》的簽署者以「一國兩制」的模式，達成香港主權移交的協議。到一九九七年，我城以繁華盛世的豐姿，送別百年英殖歲月。今日，這個城市卻被視為一個快要淪陷的「國際金融中心」，等待她的是成為「西柏林 2.0」的命運，充當「新冷戰」的前線戰區。

這些年來，香港變化程度之巨大，轉變之急速，縱然你或已久居此地，也難免會有時感到陌生。不過，事實上這幾年來，急速裂解的其實並非只有香港社會，香港問題更非完全是內部因素所導致。要了解促成香港這場危機的深遠原因，難以迴避的是去直面反思環球政治經濟結構的弊病，與中國本身的歷史性變化：在「後冷戰」這三十年間，全球資本主義的繁榮背後，其實是百孔千瘡的世界。

漢娜•鄂蘭（Hannah Arendt）曾經自布萊希特（Brecht）借取「黑暗時代」一詞來形容二十世紀的前半葉，「當斯時也，巧詐橫行，民憤無門，瞋恨無罪，使人面目更為可憎，暴怒有理，益增聲音之淒厲。」她又借用薩特（Sartre）在其作品《嘔吐》（*Nausea*）所寫，「在那樣的一個世界裡，大家都公認，說到人，不過全都是些痞子，至於事，無非不明不白、不清不楚，所到之處，全都是一筆爛帳，令人作嘔。」

今時今日，用「黑暗時代」來描繪眼前這個徘徊在另一場冷戰開打之前的香港，也毫不過分。

身處世局巨變所產生的時空縫隙當中，我們難以再繼續按過去的標籤和分類來掌握世界，也要拒絕在這「黑暗時代」服膺於各式各類意識形態的誘惑。正如鄂蘭在《黑暗時代群像》（*Men In Dark Times*）一書的序言所指，「即使是在最黑暗的時代，人們還是有期望光明的權利，而光明與其說是來自於理論與觀念，不如說是來自普通人所發出的熒熒微光。」

這本文集的文章，記錄著這個黑暗時代底下，各種乖謬荒誕、令人作嘔的「時事」，也分享我對這些時局態勢的批評與分析，試圖結合一些宏觀視角，作跨越歷史時空的經驗聯繫，目的不在提供一整套意識形態上的現成解答，更多地是期待在讀者心中，維持現實與理論概念之間的張力，使反思活力可以有更多伸展的空間。

未來的我城，或許還要更加黑暗。但筆者相信，對於在摸索著前行，在暗黑中反抗的普通人來說，更需要的不是意識形態的指路明燈，而是辨識熒熒微光的反思活力。這裡收錄的文字，若能供投石問路之用，於願足矣。

安徒　二〇二〇年六月九日

逆權・傘後

虛擬自由主義的悽美句號

林鄭月娥以七百七十七票勝出今屆（二〇一七）香港特首選舉，與曾俊華的三百六十五票相比，多了超過一倍。然而，根據多項民調結果顯示，曾俊華有六至七成的民意支持度，比起林鄭不足三成的支持，有近一倍的差距。這個民意與選票數目倒掛的結果，猶如冷水一盆倒向香港數百萬手中無票，卻又史無前例地投入今次選舉的香港人頭上，警醒他們不但手中並沒有體現選舉權的一票，而且數十年來一直為不少人相信的「香港雖無民主，但民意仍受重視」的神話，也在一刻之間全部幻滅。傷害的倒不全是原來就熱切於追求民主的民主派追隨者，也包括曾俊華所號召出來的那群中間、溫和，甚至淺藍的親建制保守派。

筆者在數年前寫過評論文章，以「虛擬自由主義」來說明香港人，特別是香港的民主派，自一九八〇年代發展出一種香港獨有的政治文化，以「假戲真做」希望「弄假成真」的方式來面對九七回歸的困局，應付一國兩制的種種缺陷。[1]

「虛擬自由主義」也是指一種香港社會的自我想像，把有限的自由、半調子的民主都煞有介事當成是充分自由、完整民主的替代品。當時提出這個概念，用意是警告這種虛擬自由主義正在面臨來自威權主義以及民粹主義的挑戰，開始步向終結。

虛擬自由主義的死因

今次特首選舉，絕大部分都沒有選票的香港人，不少都當成自己有票一樣熱情投入、廣傳競選宣傳訊息、真金白銀奉獻眾籌，還要加入網戰、塑造民意、影響民調，為的都是假戲真做，把自己不能投票參與的選舉，搞成像自己有票可投的「擬真選舉」，堅信「民望」可以影響選委以及背後操盤的北京當權者。

可是，結果無情地展示，雖然今次關於「候選人民望」塑造出來的「虛擬（選舉）真實」是如此壯美，成為難忘的回憶，但當權者卻明明白白地告訴香港人，他們並無意願再像過去一樣，向這種民望遊戲妥協，與香港的虛擬自由主義者繼續跳探戈。

因此，也可以說，香港式的虛擬自由主義，以它最華麗的方式，在今次特首選舉中正式宣告壽終正寢。它不是死於激烈的反抗，或死於以揭破虛擬假象的街頭勇武革命，反而是死於全民（大部分溫和派和部分激進派）很認真很投入地把這虛擬遊戲玩得最徹底的時候。

事實上，在溫和泛民決定主力參與選委選舉，以 ABC[2] 為目標，並且以選「較小之害」為行動準則之前，早有各種關於再次利用全民電子公投，推出「場外」一人一票的方式，又或者結合「公民提名」推出選委會外的民間特首候選人的各種想法。可是，這些想法並沒經過廣泛的討論和醞釀，很快就被公眾遺忘，最後都讓位給全力爭取在選委會選舉中增加泛民派代表的方案。

泛民如何達成這項決定的過程當然有待更深入的考究，但北京在去年（二〇一六）立法會選舉後重手打擊港獨激進派的同時，也對溫和派釋放不少「和風」訊息，包括與民主黨重

1 羅永生，〈虛擬自由主義的終結〉，載許寶強（編）《重寫我城的歷史故事》，香港，牛津大學出版社，二〇一〇，頁三至十二。

2 ABC 乃 All But Carrie 的簡寫。

新接觸溝通，稱泛民派也是建制派，重新發放泛民議員的回鄉證等，在在都營造著中央在打擊港獨的同時，也會正視香港造成不安的深層次問題，並且以懷柔的姿態，重新開展「統戰」工作。

與此同時，本地或海外的一些所謂「習派媒體」，以及形象風格奇特的《成報》、有法輪功背景的《大紀元》等，不斷發出一些江派與習派有矛盾、陷於兩派鬥爭的中共對香港將有全新路線及思維等的訊息，使一些人對中共在香港重行改革路線有所期望。坊間「估領袖」的遊戲慢慢炒熱，曾俊華再次獲「習握手」甚至使一些人斬釘截鐵地認為曾俊華已被欽點。這種曾俊華是真命天子的說法，至少造就了曾俊華是頗有機會的認識。

溫和激進泛民雙輸

過去數年，民主運動常常發生溫和派與激進派之間的衝突，激進派往往不滿溫和派的妥協路線。可是，這次溫和派投入小圈子選舉的行動，卻沒有受到激進派有力的挑戰。選委選舉初期，只有部分學者和社工提出異見，聲言參選主要是利用選委身份進場組織抗議，或者配合其他場外施加民意壓力的行動。可是，這項主張得不到支持，他們的訴求亦被簡化為只求投白票，被標籤為「白票黨」。而部分激進派則愈來愈全情投入「挺曾」的運動，慢慢形成「薯粉」現象，這時才見梁國雄及自決派等試圖再次制止。

可是，這時挺曾的民意已成主流。梁國雄以反對參加小圈子選舉的名義出師，試圖循民間公民提名的途徑參選，被劃為「原則派」，惹來「策略派」的猛烈批評。然而，梁國雄並沒有看穿虛擬民主選舉會最終自行失敗的結局，反而堅持至最後一刻，仍然相信曾俊華才是真正被欽點者。

所以，這次溫和派兵行險著參加小圈子選舉固然無功而還，但卻沒有令激進派得分。這種兩派皆輸的局面，近年罕見。

是什麼原因令曾俊華由原初被傳是已被欽點，到後來傳來不會被中央任命，及至向他這次參選亮紅燈，甚至被某些有大陸官銜的人點名犯上「七宗罪」，是一宗歷史懸案，將來或有分曉。但曾俊華的參選，令人覺得香港會有部分建制派和民主派首次合作，能夠聚集相當的實力掙脫西環約束的意志，是泛民「打破齋砵」，首次參與小圈子選舉的主要原因。甚至連反對參與小圈子選舉的梁國雄，其實也是假設這是會成功的。他只是太害怕這結果成功才會反對。

可以見得，天朝對香港一手硬、一手軟的羈縻治理方略，請君入甕，反手為雲、覆手為雨的操弄港局的方式已是如何嫻熟。泛民的溫和派和激進派齊齊判斷失誤，夫復何言？

曾俊華現象與全民主義

無可置疑的是，曾俊華以假當真，面向廣大沒有票的香港市民搞的（擬真）選舉工程是十分成功的，民調和網上所吸引到的支持度是對這項（擬真）選舉工程的回報。然而，究竟這股被捲動出來的龐大能量，能否在敗選後仍能弄假成真，成為一股真實的政治力量，以及對香港政治生態和政治文化影響為何，這是一個曾氏支持者不容易回答的問題。因為政治力量的積累和發展，必須建立完整的意識形態和依靠一個適合的制度環境才能生長。

曾俊華不代表一個政黨，他有的是一班猶如夢幻組合的助選團，他有香港當前絕望憂鬱的大氣候和大環境配合。這些因素，使得他的政治修辭可以充滿詩意，甚至是以詩意來表達他的含糊政治，以含糊來促成他可以跨越不同派別，令人覺得他有著那種近似全民總統式

（presidential）的統馭魅力。可是，一旦投身於黨派政治，特別是以在野之身出現的黨派政治，他令人造夢的能力卻可能會很快消失。

曾俊華現象令我想起研究「全民主義」（populism，通譯「民粹主義」）的學者拉克勞（E. Laclau）。他在《論全民主義的理性》（*On Populist Reason*）一書談及的一個個案，與法國第三共和時期的布隆格將軍（General Boulanger）有關。十九世紀末，法國千瘡百孔，充滿漏洞的共和體制正處內憂外患的困境，出身自保皇派背境的布隆格將軍因為鮮明地主張軍隊改革而被政敵強迫退休。他轉而參政，展現出超凡的魅力，把來自包括左派和右派的支持者都吸引過來。

布隆格的支持者包括懷緬舊帝國榮景的波拿巴派、溫和君主制支持者、曾經在巴黎公社起義被鎮壓的工人階級、一些鼓吹直接民主的激進派，以及贊成徹底普選的國家主義強硬派。他們把希望都投射到布隆格身上，令他於短期內勝出連場選戰，氣勢一時無兩。但當他在勝利高峰之時，他的支持者要求他帶領群眾佔領市中心起義，他卻猶疑不定，錯失時機，最後更因被指謀反而逃亡出走。以他命名的布隆格主義現象亦隨之消散。

拉克勞想說明，布隆格具備了一切全民主義領袖出現的條件，即社會多種千差萬別的訴求不為現存體制所整合，但這些訴求因為有共同敵人，所以只要通過一個「空洞符號」（empty signifier）就可以被串連起來，與敵人對立。這個符號愈抽象愈好，因為這樣才可以讓各種訴求都掛在其上。當年的布隆格就是這個空洞符號，因為這個符號可以拉動各種不同的情緒和感動力；他能取得廣泛支持，並非來自他哪一項具體的訴求或主張。這種短暫出現的全民領袖，不會在穩定的政治體制出現，而是往往在一步步瓦解中的體制的周邊誕生，在跨越體制內外的地方孕育，而不會是來自純民間背景的領袖。

法國當年的背景和香港當然有千萬樣差別，但如果說，曾俊華在這次（擬真）選戰當中，可以驚人地在各個不同派別中找到支持者，是因為他的公關文宣成功的話，那拉克勞的分析可以更令我們知道，把詩意般的、能牽動出很多人造夢念頭的演辭、說話、影像和態度，正是把曾俊華還原至一個空洞符號。這是必要的，因為它們令「曾俊華」成為能承萬物的載具，包容在當前時代焦慮下產生的各式情感與慾望，這是使他在這場虛擬民主選舉中成為了全民主義領袖的成功算式。他的成功不是建基於任何政策主張，因為他的主張愈含糊就愈好。

可是，香港一國兩制的設計，正是要排除任何一位可以代表香港「全民」的人物成為領袖，無論他是如何虛擬和空洞。所以，曾俊華的成功，正是他的失敗原因。他留下的夢可以化成香港的「末代」文化回憶：在大會堂、愛丁堡廣場這個象徵一九六〇年代香港近代（英式）「殖民現代性」夢想結晶的現代主義建築群中間，舉辦最後一場集氣大會，萬人含熱淚高呼，正好為這個正在快速消逝的時代畫上悽美的句號。但是，曾俊華本尊卻難以成為眾望所歸，帶領我們走出這困境的政治能量。

原刊於《端傳媒》，二〇一七年三月三十一日

傘運三年看《逆權》

今年（二〇一七）是雨傘佔領運動爆發三周年，也是一個秋後算帳的時刻。東北發展規劃案的十三名被告被覆核刑期導致入獄，公民廣場案的「雙學三子」也相繼被判坐牢。威權法治的架勢擺開了，建制勇武派的「反右」式動員也已經亮劍。雨傘佔領三周年，香港社會氣氛凝重，影院放映韓片《逆權司機》卻贏來一片掌聲與淚水。這套電影儼然是為這個傘運三周年的紀念而來。

有人認為《逆權司機》拍的是一九八〇年韓國光州市民，為了反抗軍事獨裁而遭受血腥鎮壓的事跡。如今已是「事過境遷」，因為韓國已有了民主選舉。相反地，香港的雨傘佔領的目標是追求政制民主改革，結果不但空手而回，更加是損兵折將，保守力量不但回朝反彈，更加反攻倒算，香港一下子由自由城市推到威權與半威權統治的臨界點上，民主運動未知何去何從。這樣一個時空底下觀看《逆權司機》的故事，的確百般滋味在心頭。

可是，其實《逆權司機》今時今日在南韓也決非一部懷舊電影，或只是以歷史往事之名賣弄一下小人物如何達成「良知覺醒」的煽情戲。相反地，這樣一套直接書寫韓國歷史創傷的電影，其實也是南韓近幾年由「世越號」翻船事件引爆出一波社會抗爭運動浪潮下的產物。這部電影在韓國上演轟動不已，也和朴謹惠所代表的韓國保守政治勢力因為強大的社會運動下台，換上開明進步派的新總統文在寅的轉變有關。

韓國近年的社會運動浪潮，在某種意義上，追求的都是「光州事件」當年無法達成，而繼後的「民主化」轉變，也沒有充分完成的社會改革目標。可惜的是，這好幾年來，香港人把政治熱情都傾注在關心本土的政制改革運動。更加有一種錯覺，以為香港是在向全世界「示範」著一種全新的政治抗議，站在最為前衛的位置推行民主運動，刺激著東亞或東南亞周邊地區。對於發生在香港周邊地區的民主運動、社會改革運動，反而失卻耐性去關注和了解。

所以，《逆權司機》在雨傘運動三周年期間上演，不應讓我們只是去問，為什麼韓國電影可以拍得這麼感人，我們可否也拍出類似的電影，而應是一個契機讓我們更深入地了解韓國抗爭的歷程和脈絡，展開反思對話。

韓國抗爭的歷史脈絡

韓國因著地緣因素，處身俄、中、日、美等世界幾大強權之間，近代更是苦難頻仍。日本殖民高壓，但日殖的終結卻是冷戰所導致的韓戰來臨，國家分裂。兩韓的對抗又給予韓國實施軍事獨裁的口實，沿用日殖時期的方法延衍同一個壓迫性的體制。在知識分子和學生領導下，一九六〇年發生了「四‧一九事件」抗議選舉舞弊，李承晚被迫下台。可是不旋踵朴正熙即發動軍事政變，奪取政權，奉行所謂「維新體制」，實行小圈子總統選舉，直至一九七九年被刺殺。

可是，獨裁統治並未結束。全斗煥趁朴正熙之死又發動政變，維持軍人獨裁，在全國引發抗爭。可是，反對黨的民主政客如金大中、金泳三等被捕，知識分子和學生無法持續反抗，全國各地抗議活動開始沉寂，只餘光州民眾誓死反抗，釀成光州的殘酷屠殺，可惜也無法阻止全斗煥執政。

可是，光州事件並不僅是韓國由獨裁邁向民主的長跑中的一個中途站。最近韓國仁荷大學崔元植教授受訪時就指出，光州事件為韓國反對運動帶來一種徹底的改變，從過去關注民族獨立和民主化，轉變為更為關注「民眾」；從過去以知識分子及學生作為運動的領導，轉而渴望在「民眾」中間找尋歷史主體。知識分子及學生不單不再以能否指點運動、領導運動為目的，更自覺要走進民眾中間，找尋轉變的動力。

崔元植解釋這種轉變，是因為光州事件使整個八十年代激進派的知識分子有一種特殊情結，那就是對一九八〇年光州抗爭的負罪感。因為抗爭初期大學生和知識分子雖然積極參加抗爭，可堅持到最後鎮守道廳府，被抓走的人、被犧牲的人大都是底層民眾：有送報紙的、送外賣的、工地打工的等等，而知識分子都脱身而走了。

從民主運動到民眾運動

於是，光州事件之後，韓國民主運動的特徵是把民主運動的想像大大擴闊，從僅僅由精英（知識分子和政客）帶領尋求政制上的改革，變成「民眾運動」的登場，大量大學生跑到工廠當工人，下鄉當農民，為了組織民眾或者找尋寫作題材。而在民主運動中走在前線的基督教會，也發展出「民眾神學」。因為當時激進反對派普遍認為，只有在「民眾」中才能找到韓國的歷史主體。

「民眾運動」的登場，也促成了「民眾文學」的興起。民族文學的書寫對象，不再停留在民族神話、傳統的述說，而是將焦點放在活生生的民眾身上。

可是，誰是「民眾」？雖然並沒有統一的定義，但已經不只是馬克思所說「無產階級」，而是包括農民、工人、小市民的同時，也包括有良知的資產階級，是一種廣義上的民眾概念。所謂「民眾」的視角，也並非視民眾為金光四射的英雄，也不是知識分子投射「同情心」的對象，反而，民眾文學是要如實地反映「民眾」的困難處境，走進他們的生活世界。

其實《逆權司機》之所以感人，正在於當中濃烈的「民眾美學」味道。當中德國記者只是配角，戲劇衝突也不是個別的一個「韓豬」司機的「回轉」，而是「漢城」和「光州」的文化對照。是「漢城」這個大城市的生活壓力令人變得犬儒、冷漠、退縮、貪便宜、心理上容易親靠權力一方，而「光州」則是充滿人情的地方。那裡是令民眾可以保持天真、樸實、樂觀、正直、不會斤斤計較、有情有義的地方。

《逆權司機》裡的「小人物」絕非同一個模樣，他們不是（自居的）「啟蒙者」眼下的「韓豬」，他們都是「民眾」的一部分，他們之上也沒有外在、外來的啟蒙者去拯救他們，倒是一個漢城人和一個德國記者透過「光州」的「抗爭」在心靈上被洗滌。

香港雨傘運動之後面對挫敗，一種流行的反應是歸咎「港豬」。這樣做無疑可以維持自身居於「啟蒙者」的（疑似）精英位置，理直氣壯地「離地」。所欠的正好是放下身段，一種謙虛的感受力，親近「民眾」，正視「民眾」，了解身處矛盾中的「民眾」。

如果電影《十年》可以代表傘後的時代精神的話，那是一種孤寂、無助與沉鬱。《逆權》系列的電影則充滿民眾反抗的精神。當年的光州付出沉重百倍的代價，卻喚起知識分子、學生、電影工作者一念回轉：抗爭不可離地，毋忘「民眾」。

韓國社會運動「重返」「再起」，影院則重現具社會干預功能的電影，走出二十多年來「韓流」文化側重消費主義的定格。關鍵不在於問為什麼韓國人可以，香港人不可以，而是雨傘佔領的三年經驗，是否正在準備一種讓「重返」可能出現的語言和心態。

原刊於《明報》，二〇一七年十月一日

誰害怕「逆權」韓流？

電影《逆權司機》在韓國引起轟動，香港也口碑載道。在威權主義高懸港人頭上的氣氛下，《逆權司機》的確十分勵志。不過，對很多香港人來說，電影述及的「光州事件」其實十分陌生。因為那是發生在一九八〇年的事，距今（二〇一七）已有三十七年。

可是，當香港人熱議這段不是被遺忘掉就是曾經視而不見的亞洲歷史的時候，卻傳來在大陸這部名為《出租車司機》的電影被全面封殺的消息。不單電影院無法上映，連網上的評論、評分等也要一一刪除，甚至連「光州」、「出租車司機」等關鍵詞也被屏蔽掉，如臨大敵。原因很簡單，就是怕光州屠殺示威學生民眾的事件令人聯想起六四。

為何談光州事件的電影會被封殺

筆者記得，若干年前一些華人左派理論家很熱烈地援引韓國的光州民主運動，視為一種甚具學習意義的民主運動樣板。因為比照港台地區的民主運動，韓國民主運動所反對的是一個美國扶植的反共軍事獨裁體制，「光州事件」是其結果，因而更為進步。港台民主運動要以韓國為榜樣，打破「反共親美」的框框才能避免「盲目反中」，這樣的民主運動才能真正有自己的主體性。

如果按照這套思路，「光州事件」理應是一個很好的歷史教材，去讓韓國人、香港人、台灣人及中國人等亞洲人共同分享，以便批判那個奴役亞洲的冷戰體制及其不良的反共意識。在共產黨統治下的中國人，就更有需要去了解光州事件中的韓國兄弟，當年是如何在反共堡壘與敵人作英勇的鬥爭。

不過吊詭的是，今日韓國人通過這部電影反思過去，下一代認識他們過去幾十年為「韓流」消費主義所遮抹掉的歷史傷痕，卻料不到在中國大陸此片卻在被禁之列，儼如一株「大毒草」。在今日的中國，雖然封殺某人、某物已經變成家常便飯，多一部禁片可能真的只是小事一樁。不過，禁掉一部關於光州事件的電影，卻很象徵地說明今日中國的精神現象：那裡已經不存在海外左派以為中共還會守護的信念、理想或意識形態系統，下封殺令的人又怎會區分什麼「反共親美」還是「反美親共」？

歷史的倒錯和吊詭在於：當年示威民眾是被全斗煥視為共產分子而「殺無赦」，但今日急於要禁絕這套暴露昔日反共屠夫惡行的電影的，卻是仍由共產黨統治下的中國。相反地，我們這些被劃分為受冷戰反共文化所「殖民化」的香港人，卻在為這些韓國當年的嫌疑「共匪」灑下同情之淚。是中共成為了全斗煥的知音人，還是全斗煥這類人的幽靈已經附體於中共身上？

事實上，中共日益變成他們以前反對過的東西已經不是秘密。就例如今天說「共產黨已經走向國民黨化」其實也不用勞煩批判驗證，因為他們不單直認不諱，而且引以自豪。就舉一個例子：曾經擔任過中聯辦宣傳文體部部長的郝鐵川，目前當了上海市文史館研究館館長，他早前就為中國依法治國的狀態發表過偉論，認為中共今天是承繼著孫中山在上世紀提出的「軍政、訓政、憲政」三階段論中的「訓政」階段，實行的是「新訓政」。[1]

威權主義與訓政思維

孫中山當年號召討伐袁世凱，以幫會形式建立中華革命黨，實行嚴格黨章、黨紀，要求黨員絕對服從，甚至須捺手印向他個人立誓效忠。而按孫中山在一九一四年《中華革命黨總章》中所寫，「訓政」的特色是「以黨治國」、「以黨訓政」、「主義治國」、「以黨治軍」等等。「訓政」的目的是訓導人民學會行使民權，實行地方自治，原定六年之內完成。但正如列寧的「無產階級專政」原初只是說一個過渡期，但後來卻成為千秋萬世，「訓政階段」的命運也是如此。

北伐戰爭被視為「軍政時期」，戰後蔣介石一直以「訓政」之名緊抓政權，主要目標變成剿共，不斷延擱實現中華民國憲法所付予人民的權利。昔日的共產黨痛斥蔣介石的「訓政」論「暴露了國民黨反動派一黨專政的醜惡嘴臉」，可今日為共產黨服務的人卻直認他們幹的是同一勾當。

事實上，孫中山、蔣介石等人以國家發展的階段需要來為獨裁辯護，想法並不獨創，也不絕有後繼人。韓國前總統朴正熙就曾在其一九六三年發表的《我與國家和革命》一書闡述類似的政治觀點。他認為在傳統文化勢力強大、經濟落後、工業生產水平低的韓國推行民主

1 〈我們處在「新訓政」時期：中國特色法治「模式」與「道路」之爭〉，《探索與爭鳴》，二〇一六年第十期。

政治，並不合適。民主憲政只能被腐敗的政客所利用，所以要實行專制來追求經濟的高速增長。他打擊學生運動，頒佈戒嚴令，後來更推行所謂「維新體制」，大權獨攬。朴正熙的親信全斗煥思想也如出一轍。光州街頭那些「共產分子」就是因此而該殺的。中國的共產黨當然深明此道，因為他們都是基於同樣理由死於蔣介石手下，區別只是他們今天反過來向那些夠膽說不的人喊：該殺！

不過，《出租車司機》雖然被禁，但是部分大陸網民卻並不就此打住。另一部探討光州屠殺傷痕的韓國電影《挖掘機》又成熱話。這部獨立電影不以悲壯動情為目的，反而透過一個受不了良知責備的士兵，不斷重訪他昔日的同袍，追問他們為何當日被派去執行屠殺的任務。他也見證了這些同時是加害者，亦是被害者的前軍人的精神和生活是如何扭曲和痛苦。

在猶如思想廢墟的中國，打破殖民冷戰分割的不再靠任何自號左派的大論述，反而透過翻牆犯禁，議論韓國人拍出的這批「反威權」電影，喚起良知的醒悟與感召，自發地參與重構屬於逆權抗爭民眾的亞洲新文化。

原刊於《明報》，二〇一七年十月十三日

香港：歷史裡的「逃犯天堂」？

香港在英國人到來之前本是一個人口稀疏的小漁村，令這地方後來迅猛發展的是隨英治開始而來的外來人口。他們移居來港的原因眾多，有的謀求更好的經濟發展機會，有的因為這裡能夠提供一個讓他們可以安全棲息的地方。按當年一位港英官員的描述，「英國艦隊抵埠之後，大批船民聞風而至，他們向艦隊供應軍需及生活用品……艦隊提供的庇護很快就把我們的海岸變成了盜匪和鴉片走私販的天堂，實際上，這個天堂適合於所有為中國法律所不容、並且有辦法逃離中國的人。」[1]

英國人東來拓殖這塊殖民地，志不在其資源，所求者乃一實行普通法的自由商埠，以利他們在遠東各地的商貿擴張。雖然，最初期香港人口中大多數都是遊民與海盜，從事一些法

1 Smith, C. T. (1985). *Chinese christians: Elites, middlemen, and the church in Hong Kong* (pp.108). Hong Kong: Oxford University Press.

律和道德上都頗有問題的生意，令殖民當局要建立可靠的警政體系去維持治安都有困難，但後來終歸建立起較為完整的英式司法制度，那些「為中國法律所不容，並且有辦法逃離中國的人」（亦即我們今天所說的「逃犯」）仍然視香港為他們的自由之鄉。這些「逃犯」不能見容於其母國，卻為香港留下了多姿多彩的歷史足跡，更有不少因此播下種子，深植於本地的文化土壤之上。一部香港史不能不貫穿著各類「逃犯」的傳奇故事。

維新派、革命派是初期的逃犯

香港歷史上第一個知名的逃犯是王韜，他原是上海墨海書館的編輯，協助英國傳教士麥都士（Medhurst）把《聖經》等書籍譯成中文。一八六二年他被清朝官府懷疑以化名向太平天國軍隊獻議進攻上海之策，被清政府通緝。在英國駐上海領事協助之下，王韜逃到香港定居，期間協助「英華書院」的院長理雅各（James Legge）從事翻譯工作，譯出了包括《十三經》等大量儒家經典為英文。在遊歷英法，考察西方文明之後回來，他與黃勝合資創辦《循環日報》，評論時政，大談世界大勢，倡議維新與中國變法自強之道。他的主張最後竟然受到當初向他發出通緝令的李鴻章欣賞，並邀請他回國服務。香港史家羅香林更謂，沒有王韜就沒有後來的康有為和梁啟超。我們今天或者可以說，如果沒有香港收容王韜這個逃犯，近代中國歷史就未必一樣。

康有為深受王韜變法思想影響，他在清日甲午戰爭清國失敗，被迫簽署《馬關條約》之際，聯合多名舉人上萬言書向光緒皇帝請願，史稱「公車上書」。他後來更和梁啟超等共同推動「戊戌變法」（一八九八），但因為觸動了朝廷的既得利益，慈禧太后狠下決心要把維新計劃消滅於萌芽，軟禁光緒皇帝，追殺維新分子。康有為於是落荒而逃，成為另一名逃犯。不過，在英國官員保護之下，康有為乘船來香港避難，當時到西環碼頭迎接康有為的是香港政壇大老何東，以及當時的總警司（日後的港督）梅軒利（Henry May）。

康有為在香港的時間不長，後來轉往日本，開展漫長的流亡生涯，主張中國建立開明專制。但他在港期間，適逢英國政府派來考察中國局勢的國會議員白雷斯福（Beresford）訪問香港，兩人曾私下會面。白氏後來出版了《中國之瓦解》一書，力主英國要向西方列強表明反對瓜分中國，但同時要迫使清政府實行「門戶開放政策」。此議受到當時香港的華商及買辦階層大力支持，並承諾他們會協助英國「將整個中華大地變成英國的勢力範圍」。有趣的是，康有為致力以變法來維護大清帝國，對買辦階層的思想並不認同，甚至頗為反感，認為他們會出賣國家利益。但他在落難之際，香港的紳商仍對這位逃犯施以援手，他們的動機雖然仍未能準確考證，但可見「香港人」在歷史上早就有包容流亡者的大度。

英式法治保護逃犯？

香港成為中國逃犯經常出入的地方，這角色直到民國革命時代仍然繼續。不過，卻很難因此而論斷香港就是一個「逃犯天堂」，因為英國殖民政府對待中國逃犯的政策其實不斷反覆。一八九五年孫中山與興中會同仁，首次在廣州發動反清起義失敗之後，香港政府便根據清朝廣東官府的要求，下令驅逐孫中山出境，五年內禁止在港居留。孫中山於是親函當時港英政府輔政司駱克（Lockhart），逼他親自承認香港政府拒絕給予孫中山「國際政治犯」地位，是因為「有礙鄰國邦交」。當時英國下議院議員戴維德（Michael David）也看不過眼，兩道質詢英國殖民地部，因為對政治犯落井下石，未免令英國在國際間蒙羞。

其實，就算英國與清（中）國在當時的力量對比懸殊，英國也不時為了外交策略利益，順應清政府的請求，引渡逃犯或革命分子回內地。而革命組織同盟會在香港的同情者，則往往要訴諸國際公法和香港法律以阻止引渡。

例如，一九〇七年廣東潮州黃崗起義失敗後，起義首領余既成逃往香港。廣東官府立即以刑事罪指控余既成「聚匪搶劫」，港府立即把余關押在獄。同盟會香港分會的會長馮自由立即聘請律師提出抗辯，提出多項余既成其實是革命黨領袖的證據。孫中山也親自致函港督，證實余的政治身份，反對引渡。當時孫中山的好友，也是立法局議員的何啟也出一分力，向港府申請余既成的人身保護令。當時警察裁判所雖然判了余既成無罪釋放，但廣東政府不肯罷休，狀告高等法院，纏訟多時。可幸的是，余既成最終獲得自由。

不過，香港法院也並非永遠是一個有效保護政治犯的屏障。一九〇九年從新加坡潛回惠州發動起義的孫穩，在起義失敗後逃來香港。當時的廣東政府一樣懂得繞過「政治犯不應引渡」的障礙，改為指控孫穩犯了「搶劫罪」。同盟會為了營救他免被引渡，也替他進行了法律抗辯，可是最終失敗。港府最終把他送回廣東，隨後孫穩就遇害。這個案例活活的證明了近來香港「逃犯引渡條例修訂」的一個核心爭議點，亦即所謂「政治原因」不在可引渡之列，其實並沒有確切可靠的保障。

事實上，香港歷史上曾收容過的知名逃犯不僅限於來自中國內地。上世紀二十年代另一位居港的國際知名逃犯是越南的「國父」胡志明。他早年以海員身份遊歷歐美，目睹第一次世界大戰的發生。戰後在列強召開凡爾賽會議期間，響應美國總統威爾遜（Woodrow Wilson）提出的民族自決原則，代表在法國的越南愛國者，向各國代表提出要法國承認越南人的自決權，可是西方列強並無理會。他後來成為共產主義者，參加過「黃埔軍校」，也當過蘇聯顧問鮑羅廷（Mikhail Borodin）與孫中山之間的翻譯，支持過「省港大罷工」。後來他更以廣州為據點，開展抗法的反殖民運動。直至一九二九年被法國政府在他缺席下宣判死刑，一直通緝。他在逃港期間組建越南共產黨，於一九三一年被逮捕，關押於域多利監獄（即今日的「大館」）。

在港英政府準備把胡志明送回越南之際，當時的「共產國際」為他發起了救援行動。在英國的「反帝國主義國際聯盟」向英國政府施壓，香港律師公會主席羅士庇（Loseby）親自為胡志明辯護，為他申請了「人身保護令」，並要求撤銷遞解。此案一直上訴到英國樞密院，最後控辯雙方達成和解，胡志明要離開香港，但毋須指定一定要送返法國或越南。胡志明乘船到新加坡，豈料抵岸之後立即遭到遣返，後來在香港總督貝璐（Peel）的協助下離開了香港，經廈門去了上海。

事實上，蔣介石於一九二七年終止了國民黨的「聯俄容共」政策，針對共產黨員進行了極為血腥的「清黨」行動之後，大量中共黨員都成了亡命天涯的逃犯。中共為了逃避「白色恐怖」，防備其在中國各地的據點（「蘇區」）被「圍剿」，於是積極利用香港作為在上海的黨中央與各個「蘇區」聯繫的紐帶。由一九三〇至一九三三年間，中共建立了以香港為中轉站的一整條地下的「紅色交通線」。不過，雖然香港成了「中共逃犯」從事「非法」地下活動最方便的地方，但沒有改變香港成為他們的「天堂」，因為港英政府一樣不時按國民政府的要求逮捕中共逃犯，一些未經法定手續就強押回廣州，另一些則由廣州方面正式來提解。中共的早期領導人蔡和森是「旅法勤工儉學運動」的發起人之一，他就是在香港被捕而給遞解至廣州、最終被殺的中共最高領導人。

政治犯還是歷史英雄

戰後香港的地緣政治地位隨著中國大陸政權易手而改變，政治難民和經濟難民大量湧入。香港倒是庇護過不少逃離中共政權的「逃犯」。六十年代的「大逃港」潮進一步帶來大量「非法離境」的人口，令香港社會再一次灌注入「逃犯」的血液，進一步豐富了這難民城市的流亡文化。及至一九八九年的中國民運及六四屠殺事件，部分香港人亦組織了營救被通緝者逃離中共追捕的「黃雀行動」，協助包括吾爾開希、柴玲、封從德、陳一諮、蘇曉康、王軍濤等一批大概三百名學運領袖與異見分子逃離中國。

一時的「思想犯」、「政治犯」也許就是另一時的「歷史英雄」。上面談及的王韜、康有為、孫中山、余既成、孫穩、胡志明、蔡和森及今日的民運分子等，絕大部分均是香港、中國以至世界歷史裡面的正面人物或甚至是英烈之士。但他們在自己的時代，都曾經是或至今仍是「罪犯」，被（幾個不同的）「中國」或西方的政府通緝，要求引渡，因為他們都曾是或仍是「國家的敵人」。他們之間的政見或者南轅北轍，甚至互相對立，但他們都曾經在香港尋求自由，有些獲得香港為他們提供脆弱的庇護，有些則失敗了。但是沒有了他們在香港留下的足跡，中國和香港的歷史大體就會改寫，也就沒有今日大家仍然珍惜的香港。

一百七十多年以來，香港這城市最首要的價值，在於她是一塊自由之地，容納不同地方的移居者來港。也因為這裡的自由精神和法治體制，提供了一些基本的法律框架，為流亡與異見者在面對強權打壓之時，提供法律上起碼的庇護和讓他們有機會尋求各種支援。最近「逃犯條例」修訂所引爆的爭議和反抗，促成了香港自主權移交以來最大規模的社會運動，原因固然是修例的內容影響廣泛，甚至會動搖香港自治地位的基礎，令人人自危，但也在於，它觸碰到香港和香港人歷史體驗的最深處。

香港，憑藉這裡積累了百多年的法治架構，以及尊重程序正義的文化，使她在不少歷史的關鍵時刻，成為流亡者的庇護站，雖然有時這種庇護只是很短暫和脆弱。然而就香港文化的深層而言，這城市仍舊是一塊「化外之地」，為過去與未來的流亡者，預備他們夢中的自由之鄉。「逃犯」——也許就是這個城市的靈魂最恆久的自我形象。

原刊於《虛詞》，二〇一九年七月二十五日

政治的終結與絕望的反抗

「反送中運動」在一個星期內急速發展，舉世震驚。無論是二〇一九年六月九日的百萬人大遊行，還是六月十二日爆發的佔領金鐘和流血衝突，都超出了大多數人的想像。運動迫使特首林鄭宣佈「暫緩」條例修訂，雖然還未達致完全「撤回」，但已是自二〇〇三年以來香港社會運動難得一見的小勝利。經此一役，香港可說已經從雨傘運動失敗的陰影中走出來。雖然社會為此而付出了沉重的代價，但肯定的是，香港的反抗精神已經重新喚起，公民運動已經重新出發。

代議制度失效，官民失緩衝

這次運動之所以能夠取得成果，皆因全社會都因運動而沸騰起來，反對修例的市民橫跨各黨派。客觀的原因當然是「送中條例」之內容危及了一國兩制最核心的司法獨立，香港的自治地位。但相當關鍵的是，這次事件充分反映了香港一貫存在的官民互動模式，已經完全失效。政府與建制派完全無視社會上的反對聲音，經選舉具民意按權的泛民議員在議會內完全不受尊重。建制派更操弄程序，使議會淪為橡皮圖章，產生了兩個「法案審議委員會」和不確定主席是誰的荒誕劇。這一幕赤裸地暴露出在專制威權的年代，建制派行事專橫的態度，特首的囂張跋扈，展示出香港連僅有而殘缺的代議民主也已經失效。常態的「政治」已經終結，在民眾與政府之間完全失去緩衝，以及能夠進行協調的中介力量。

在社會運動的研究中有一個經典的理論範式爭議，一派認為社會運動其實是「政治」的過程的伸延，而政治不外乎是「討價還價」。如果民主制度是令「討價還價」在固定的規範和制度下進行，那社會運動只不過是在體制外進行的「政治」。社會運動能夠發揮改變社會的作用，要憑動員群眾向體制施加「政治」壓力，社會運動才算是「有用」。這派社會理論所著重的是如何解釋社運的出現，也著眼於如何有效組織社運，爭取一些功利的目標。此派理論特別適用於以政治、經濟利益為目標的「舊式社運」，例如勞工運動。

可是另一派則認為，有一類新型的社會運動並非僅只是政治「討價還價」的工具，因為社會運動的「過程」比起它要爭取的「目標」更為重要，因為社會運動參與者的得著往往並非真的是什麼物質利益，而是遠為抽象的價值、信念，他們在乎的是情緒與感受。社運的過程本身令人可分享共同的感受、共同的意識，喚發出一種主流功利社會中失落掉的共同體感覺，從而讓彼此重建一個可以分享與回憶的共同體意識。這種運動所環繞的其實是身份認同、生活風格的問題，遠多於功利目標的爭取。此派理論特別適用於女權、同運、環保、動保等較具有社會文化性質的「新式社運」。

可是，上述兩派都假設了「常態的政治」和「社會運動」是界限清晰的，各有畛域。忽視了「政治運動」其實都可以是「非功利」導向。這些社會運動理論大都無法適用於解釋香港的民主運動，因為香港的議會民主根本就不是一個「常態」、「成熟」的政治機制，讓人民與政府可以進行實質的「討價還價」，而只是一個虛擬的幻覺，只供畫餅充飢。今天，體制的專制威權實質赤裸地暴露，他們只談「管治威信」，「政治」無可避免地走到終結。

「政治」的終結帶來失望和絕望，我們再也沒有可以和專制政府「討價還價」的代理人，那些民意領袖、人民的代議士也徹底地失去了領導人民的角色。人民於是要赤裸地直接面對政權，進行肉體的博弈。這場博弈來得既悲壯也慘烈。

絕望的悲壯，打破抗爭路線心結

六月九日的百萬人大遊行，可說是極致的「悲壯」：在如巨龍般的龐大人流中氣氛是無言的憤怒與絕望，凝聚著的是一種「絕地反擊」的悲情。在參與遊行的百萬人當中，對於遊行能否阻止逃犯條例的修訂，其實沒有幾個說有把握，相反地是抱著根本不會理會遊行究竟有用還是沒有用的考慮。他們的參與與其說是要給政府「政治上的壓力」，毋寧說是要治療身上沉重的「無力感」，讓自己的體溫與同行者分享，要克服快將被極權體制各自分化、逐個擊破的孤獨和恐懼。他們要給全世界證明，「香港人」仍是會站起來反抗。

這種置成敗於度外的「悲壯」，也打破了對不同抗爭手法有所遲疑的心結。六月十二日的激進抗爭與流血衝突就出現了以年青人作先鋒，成年人作後盾的互相支援的局面，在暴力的彈壓底下，反抗的集體行動猶見如戰場般的「慘烈」，動人心魄。雨傘運動中出現的「和平抗爭」與「勇武反抗」的爭論，被運動實踐本身辯證地超越。

其實二〇一四年那場「和平抗爭」與「激進抗爭」的爭論，還是發生在香港具有「半民主」機制的假想之上，無論是「和理非派」還是「勇武派」還是沿用「工具性」的思維來思量「最有效」的社運手法和策略。前提還是「樂觀」地假設，有某種方法能夠對政權形成最大的壓力，令他們屈服。可是，五年來威權／極權政治邏輯的壓境，說明了「鳩行」與「鳩衝」其實都是不相伯仲地天真，兩者單獨而行都不見得有取勝的希望。

可是，當「常態政治」已經徹底死亡，社運策略的「理性」分析亦窮盡了自身的想像力，我們在「反送中運動」中卻見證了所謂「哀兵必勝」的道理。正正就是當眾人都放下了成敗得失的掛慮，運動也不會讓什麼人可以獨自地「收割」成果，全民一致，無分派別的反抗才真正出現。人們不再是覺得有多大機會可以爭取到什麼而加入行動，反而是有沒有希望都要站出來，參與這「最後一戰」，為的只是爭一啖氣。只有在這個基礎之上，才能把這場運動變成真正純粹的價值之戰、信念之戰及身份認同之戰。

事實上，「反送中運動」呈現出兩種抗爭手法都已經比二〇一四年進化了，就算彼此未必完全認同對方的手段，但相互的理解、包容，甚至互相欣賞的地方已大大增加，終止了雨傘運動期間無謂的內在消耗。

各路混合互補，命運共同體成形

在和平抗爭的一方面，各種類型的社會身份都被動員起來，校友師生的網絡、專業、宗教、社區的網絡鋪開了前所未見的社會動員空間，爸爸媽媽的身份也能發出動員的呼召。對外方面也打開了廣泛的國際關注渠道，海外的支援也具備了前所未有的聲勢，建立了以香港身份為重心的海外社群聯繫。這是一種實質的社會連結，實質的香港命運共同體的建立。

在激進行動的一方面，沒有大台的自發組織發展變化多端，非常機動、靈巧、多樣的直接行動（direct action）方式，展現出大無畏的反抗意志，以勇氣、堅毅感動了全世界關注香港困境的人，以血肉之軀向全世界映照出政權的殘暴本性，搗破了政權溫柔理性的假面。

不同抗爭方式之間漸漸形成了新的運動倫理默契，更建立了新的「混合互補」（hybrid）的行動模式，例如宗教信徒徹夜為抗爭者唱詩、社區放映視像揭露警方暴力清場、媽媽和平集會聲討暴力鎮壓示威……顯示行動形式有了新的合作分工，亦已經試圖繞過建制化的媒體，全方位的抗爭從線上走向人群生活空間，爭取群眾，為反抗運動積累進一步發展的能量，在社區與群體網絡內部進行絕地反擊。「反送中運動」的真正考驗在於上述的默契與互補模式能否持續下去。

漫長反抗關鍵：激進與基進

這種新的社運所經歷的正好是一種走出「虛擬自由主義」的radicalization的過程。台灣在上世紀八十年代「解嚴」時期蓬勃的社會運動中曾經論辯過radical一字的真正含義，並非僅止於表面上的手段「激烈」，而是動搖壓迫性體制中最基礎及根本的部分，所以當今台灣通譯radical為「基進」而非「激進」。

從最基本的地方改造舊的認知，改變既有的反抗實踐模式，打破過時的社會習性和行動疆界，是「絕地求生」的「基進」行動，也是香港未來漫長的反抗運動的關鍵。「絕望」是這種基進反抗的溫床，它能孕育出的是一種不帶虛假希望與幻想的社群能量，讓我們去「反抗絕望」！

原刊於《明報》，二〇一九年六月十六日

納米大字報・流動連儂牆

二〇一九年六月八日，筆者有幸獲邀在牛棚藝術村參觀一個展覽，和幾位大學生領袖一起討論青年藝術家黃宇軒和林志輝的裝置作品《民主牆亭》。大家圍繞著香港大學校園內民主牆的歷史和近年環繞民主牆所引發的社會爭議，暢談了兩個小時，氣氛熱烈。當時並沒有想到，翌日香港會爆發史無前例的一百萬人遊行，更沒可能預見一個月後，香港多區都出現了「連儂牆」。這股熱潮方興未艾，香港人正在為自己再譜寫一頁關於「民主」與「牆」的動人歷史。

黃與林的裝置並置十一塊空白的布幕，各自的面積參照自香港十一間大學內各「民主牆」的原來尺寸。觀眾可以從一些堆放在布幕附近的小板塊上，閱讀創作者經調查考究出來的關於這些「民主牆」的歷史，也可以在作品構成的空間中閱讀與思考學運、民主牆與香港的過去與未來。在討論中，筆者補充了上世紀八十年代初一段差不多已經被遺忘了的歷史片段，亦即一九八二年，香港的大學生曾經積極響應中國修改憲法而向人大遞交意見書。其中一項反覆思量、爭議不少的意見是關於應否保留在一九七五年文化大革命期間，曾經寫入中國「憲法」的「四大自由」（即大鳴、大放、大辯論、大字報）。

小布爾喬亞公共領域，源自革命工具

香港的大學校園在上世紀六、七十年代相繼出現民主牆，密切地與七十年代貼大字報的文化從大陸傳到香港有關。六七年暴動中，左派把大字報四處張貼，批鬥港英，使大字報這形式在社會留下負面印象。但在大學校園，七十年代各種各樣的左翼思潮大行其道，由學生會管理的「民主牆」四處貼滿大字報，別有風景。同學透過大字報議論思想，批評時局與校政，起草與書寫均嚴肅認真，小字報的評論、交流、回應往往也非常熱鬧，形成一個活潑的、讓不同意見能理性交流的「公共領域」。有趣的是，這種小布爾喬亞的公共領域乃改造自一項充滿血淚的革命工具。然而，在七十年代末出現的北京西單的民主牆運動，與繼後出現的「民刊運動」，是中國當時異見分子公開發聲的唯一途徑。香港學生對應否在「新憲法」底下捍衛這項「自由權利」心情矛盾。[1]

歷史滄桑，數十年來校園民主牆的角色隨新的傳訊、印刷科技的出現，以及學運的起伏不定而大大改變。不過，這幾年來環繞民主牆卻多番出現激烈風波，爭議的焦點仍離不開言論自由與表達的權利。

傘運連儂牆，僅一道美學風景

場景來到雨傘運動，金鐘政府總部的一幅牆上出現如海的貼紙，表達意見與心情。斑駁艷麗的色彩和抗議的當下政治作用，令人聯想起布拉格那幅滿是塗鴉、刻鑄著捷克人民抗爭歷史以及六、七十年代反抗文化的「連儂牆」，並以之命名香港這個新冒現的表達空間。「連儂牆」給香港人重新演繹，重新發明，形式和意義再次流轉。可是，傘運中坐落金鐘佔領現場的「連儂牆」卻仍然只被視為金鐘佔領現場的一道美學風景，給困鎖在一個相對「安全」

1 一九七六年周思來逝世，激發群眾在天安門廣場悼念但被鎮壓，史稱「天安門事件」。但在不久之後毛澤東逝世，「四人幫」因失勢而被捕，政局大變。當時民眾積極透過張貼大字報議論政事，民間刊物如雨後春筍，史稱「北京之春」。這波民主運動在一九七九年被取締，一九八〇年官方更取消貼大字報的自由。

的領域，還未走到抗爭的第一線。

直至這個漫長的夏季，把我們幾乎所有「非暴力」抗爭的形式都耗盡，都仍然未減運動所喚發出來的熱情與能量，小小一張「報事貼」就出場扛起抗爭的大旗，裝載著我們的憤怒、意志、期待與祝福走上前線，如水銀瀉地般向各區湧去，進佔那些平日香港人毫不在意、冷冰冰地只是待在那裡的磚牆。

「牆」——再次成為一個必爭的佔領空間，街道路面的佔領變身成為牆的佔領，佔領的戲碼由陣地戰演變成可攻可守的游擊戰。人如水地散瀉，報事貼也是隨「撕一貼十」的原理無限輪迴，無限再生。

「反送中」連儂牆，重塑社區生活世界

如果說，傘運期間政府總部外牆上海量的報事貼，是因其美感而被命名為「連儂牆」的話，反送中運動中如洪水般游走各區的報事貼，則是因其厚重的內容，使得它們所佔領的牆都變成了一幅幅的「民主牆」，每張報事貼其實就是「納米版」的大字報。這些民主牆和大字

報構成了一種新型的公共領域，重塑了被大眾媒介和網絡世界所分割和私人化的社區生活世界，那個充滿張力、矛盾，也充滿能量的真實生活世界。納米版的大字報不單是個人情感和意見的宣洩，也是團結、聯繫，與分化、對抗的中介物。它們把私人化生活世界所掩藏著的政治彰顯、引爆，重新構造和激活我們的日常生活。

這種公共領域不再像是屬於校園內的小布爾喬亞，而是溯源自某種類型的「直接民主」。這種「直接民主」之所以在香港要借助小小的報事貼，以及那些臨時搭建的民主牆出現，正是因為建制化了的政治空間，偽民主的機構已經聲名狼藉，無法發揮作用。這些演化出來的納米大字報和港式民主牆，也搭建了香港當下的抗爭和各地歷史上偉大抗爭運動的想像聯繫。從捷克的布拉格之春，到約翰連儂（John Lennon）所象徵的那個青年造反年代，以至七十年代末中國大陸民主牆運動，到香港校園內民主牆的興起、傳承與演變……多種駁雜歷史動力的匯流，經過本地實踐的轉化與改造，共同構成了眼下香港抗爭文化的又一次創新。

流動的「連儂牆」實踐，是使香港這場史無前例的「逆權運動」永遠不會消亡的其中一種形式。它令筆者想起一九八一年波蘭政府動用坦克，頒佈戒嚴令，打壓團結工會運動之後，弗羅茨瓦夫市（Wroclaw）的團結工會的支持者不斷地在各地的牆壁畫上密密麻麻的塗鴉。是時波共當局不停地重新粉刷牆壁，留下一塊塊白色污漬，塗鴉者伺機又再次寫上政治口號，無限循環。後來一個名為「橙色選擇」的團體反其道而行，不再在白色污漬上寫口號，而是印上無數可愛的戴紅帽的小矮人，當局一時之間找不到清刷小矮人的理由。當地市民於是懂得新的抗議方式，全部裝扮成小矮人的模樣上街示威，「為小矮人爭取人權」。

一九八八年東歐發生巨變的前夜，波蘭全國各地發生連串遊行，參加的人都打扮成小矮人，戴上木偶帽，手裡拿著搖鈴與玩具喇叭，嘴裡喊叫：「沒有小矮人就沒有自由！」當局也不知所措，曾經下令「逮捕所有小矮人！」但波共終究屈服，同意讓團結工會參加大選，波共最終失敗。史稱這場是波蘭的「小矮人革命」。

遙遙呼應波蘭「小矮人革命」

香港的抗爭報事貼和波蘭的小矮人一樣，都是永遠打不死的，因為它們都是隨境而生的抗爭運動產物。而當世界愈益荒誕，例如荒誕到要逮捕所有小矮人一樣，任何手上的事物都可以成為反抗的工具。

發明報事貼的人，或者不會想過它會變成爭取表達自由的武器，正如任何牆壁的建造者都無法預計牆會服務於民主運動。運動也者，乃是事物的生成變化。Be Water 也者，就是不執著於形式而有力為生命創造新的形式，這是無權勢者的力量，也是革命的力量。

原刊於《明報》，二〇一九年七月十四日

逆權抗爭與政治自我犧牲

由反送中修例而爆發的逆權運動延綿數月，很多人都大惑不解，究竟是什麼因素令這場運動能夠持續這麼長的時間。官方承認有所謂「深層次矛盾」存在，其實是說社會財富分配不均，令青年人社會流動的渠道不足，這些解釋不過是文過飾非，把政治問題反覆地「非政治化」。分析社會運動的學者，則注意到這場運動中「和理非」和「勇武抗爭」之間不再堅守各自的教條主義，並且實行了「無大台」的形式，使運動不輕易地被政權瓦解和打壓。這些解釋縱或能說出部分的真實，但往往對這場運動的最主要特徵，亦即它受強烈情感動員力所推動，只能很概括地描述，很少會談及靠「情感動員」來推動的社會抗爭，有著怎樣的運作邏輯。

由六月中在太古廣場外梁凌杰先生墮下死亡的事件開始，筆者親見絡繹不絕的人群以最哀傷的心情悼念死者，加上數月來幾乎每晚都引發警民衝突的那個太子站出口外的臨時「祭壇」，以及科大同學在將軍澳的墮樓死亡事件，深深地感受到人們對逝者的哀傷，對傷者的痛惜，如何與運動的推展緊密地相連。期間筆者斷續地閱讀由國際關係學者K. M. Fierke所寫的一本著作*Political Self-Sacrifice: Agency, Body and Emotion in International Relations*，覺得頗有啟發。

Fierke的書談論到的案例，包括愛爾蘭共和軍在監獄的絕食行動、越戰期間佛教僧人的自焚，及波蘭一位團結工會教士被秘密警察虜劫而成為烈士的事件。作者概括他從這些不同個案所得的觀察，認為「政治自我犧牲」是一種很獨特的「言語的行為」(act of speech)，這種行為雖然沒有說話，但卻讓受苦的身體向廣大的受眾傳遞訊息，控訴一個被屈從社群所經歷的不公義。而更重要的是，政治自我犧牲不用說話，但散發出更大的情緒能量，在適合的條件下，具備一種強大的轉化性力量，讓一個受到傷害的共同體重建尊嚴，修復其作為政治主體的權利。

以卵擊石前仆後繼

雖然到目前為止，香港的抗爭運動還未遇上像自焚、致死的絕食等極端的「政治自我犧牲」方式，但是，周而復始地在街頭上演猶如「以卵擊石」的所謂「勇武抗爭」，被捕被打的不計其數但仍然見前仆後繼，說穿了其實也是另一種的「政治自我犧牲」，遠非真正的暴力革命。

Fierke 認為，使政治自我犧牲產生作用的是一種「情感結構」。他寫道：

外來力量壓抑著一個社群的主體權利，貶抑其地位，令致其無法參與制訂他們管理自己的方式，也不承認他們為政治上的主體，並且不斷嘗試去把他們的反抗行動去政治化和罪行化。在這情況下，拷問、搜身、羞辱、施加暴力漸漸成為日常經驗，然而，它們不僅是一種身體的經驗，更是一種試圖滅聲的行為，要把人們整套歷史記憶、行事習慣、信念和存在的方式降伏或者抹煞，用另一種意義結構去取代。

這些被邊緣化的社群成為失去權利保障的「裸命」，完全喪失了自己主宰自己生命以及自決自己生活方式的能力，但視死如歸的政治自我犧牲行為，卻是一種重奪行動力的舉動，把「裸命」變成可視的對象，一種人們不能忽視的「奇觀」，震撼日常生活的秩序。

作者認為，政治自我犧牲從來都不是一種個人的行為，而是有公共和集體的意義。這些行為引爆了巨大的情緒能量，但並不是一般人所指的「非理性」，因為它們所介入的其實是政治語言遊戲的博弈。手掌政治霸權的建制不斷去貶低這些被壓迫的群體，視他們是破壞秩序和法紀的「暴徒」，是衝擊「文明底線」的「恐怖分子」，死不足惜。但作政治自我犧牲者卻以其大勇和無畏，以他們受到損毀的身體，控訴和揭露當權派的無恥、嗜血和荒誕。當權者要消解這種抗議的挑戰，惟有把這些自我犧牲的行為解釋為失去常性的自毀，受外部邪惡勢力的唆擺，或者「死亡驅力」支配下的極端主義。

所以，政治自我犧牲雖然是無言的抗議，但卻能觸發關於死亡意義的激烈爭持，讓人們看清楚隱藏在既有秩序背後的語言暴力、制度暴力。

作者又借用人類學家 Victor Turner 關於「結構」和「反結構」辯證互動的觀點來理解政治自我犧牲對構建共同體的意義。按 Turner 在研究非洲 Ndembu 族的「儀禮過程」提出的觀點，日常生活的秩序給打破之後，人們脫離了過去被指定的角色，也從規範他們行為的權力架構脫出，既有的身份界線很快地消失，眾人先後進入一種「臨界狀態」（liminal state）。在這種狀態底下，只餘下強烈的情緒快速地在人們中間流動，重整著社群的邊界和每個人的身份類別。在這種看似毫無秩序的「無政府狀態」下，人們卻感受到一種新的親近、新的平等、新的同質，創造出共同融會（communitas）的可能性。

「分擔痛苦的共同體」

七月一日曾經闖進立法會的前港大生梁繼平最近受訪時說：「所謂的共同體，就是能想像他人痛苦，並且甘願彼此分擔的群體。」閱讀 Fierke，我們也可以發現類似的見解。他認為，政治自我犧牲之所以具備龐大的轉化力量，在於死亡或受苦的身軀把情感的意義肉身化，隱喻著共同體所受的屈辱或毀壞。在目睹個別身體受苦的過程中，人們也喚起更廣泛的回憶，將過去的義人義事扣連到當下發生的義舉。通過激烈的情緒流動，受眾衝破了時間的分隔，對歷代的自我犧牲的事跡產生強烈的共鳴以致認同，進而拋棄恐懼，轉化自身，甚至產生仿效的心志，參與到行動中去，或者作出不同程度的支持。

作者又對霍布斯（Hobbes）在《利維坦》（*Leviathan*）一書的「政治身體」學說作出新

的演譯，他說在霍布斯那裡，「政治身體」是一個隱喻：君主是這身體的頭，人民構成政治身體其餘部分，受到君主的保護。可是在政治自我犧牲中，象徵的運作邏輯向霍布斯的國家主義學說提出了深刻的挑戰——「國家」既非等同於「人民」，君主也不是保護人民利益的象徵，相反地，「死亡的個體」卻隱喻著「共同體之死」，但同時也通過視死如歸的義士形象，呼召人們克服其羞辱，重建尊嚴，寄寓著「共同體重生」的主體力量。

過去幾個月來在香港推動這場規模巨大的逆權運動的，與其說是利益分配不均，青年社會流動機會匱乏，或者新的運動組織技巧和創意的抗爭手法，倒不如說是一種「政治自我犧牲」的抗爭動力學在發揮作用。

不過，和 Fierke 書中所檢視過的獄中絕食、僧人自焚的個案不同的是，香港抗爭的群眾和學生很早就自覺地集體分擔著政治自我犧牲所帶來的痛苦，在力量極為懸殊的情況下，持續以薄弱的肉身直面不同形式的警暴而仍不退縮。千百具被摧殘凌辱的肉身已經喚來了整個共同體意識的飛躍，撼動了原本在退縮或沉睡中的社會，實在沒有需要再訴諸個別人的自我犧牲。

既非無謂犧牲，也非「敢死就是革命」

誠如魯迅先生所説：「革命是並非教人死而是教人活的。」魯迅當年的説話，是要回應那個革命的年代一種偏頗的邏輯，那就是，為了革命不應怕死，而且革不革命就看你怕不怕死。曾經與魯迅同道的一些狂熱分子，「更將革命使一般人理解成非常可怕的事」、「要讓人知道革命的厲害」。魯迅想指出的是，誠然革命不能怕死，但敢死不等同於革命。

在 Fierke 的研究個案中，揭示出「不怕死」是服膺於怎樣的一種「政治自我犧牲」的原理，才能發揮它最大的轉化力量，去激活一個垂死的共同體——既不是作「無謂的犧牲」，也不是「敢死就是革命」。

或者，只有參透這種弱勢族群反抗的原理，端正「革命的目的」，才能稱得上真正超越和平與勇武之間的教條主義偏執，讓重建共同體尊嚴的努力，化成可持久的政治主體的建構。

原刊於《明報》，二〇一九年十一月十日

獄吏困境與犧牲的博弈

二〇一九年十一月，香港的逆權抗爭日趨激烈，發生在中大和理大的警民對抗、圍攻大學校園的畫面尤其令人矚目。勇武示威者提升了他們的反抗行動，但由於與「武裝到牙齒」的警察之間力量對比還是如此的懸殊，被槍擊被捕打的示威者不計其數，恍如以燈蛾撲火，以卵擊石。雖然已經偏離了「和平抗爭」，但遠遠未構成一場真正的暴力革命，運動的動力與發展邏輯主要仍是以政治自我犧牲為主幹的情感動員。前此筆者為文分享國際關係學者K. M. Fierke所著*Political Self-Sacrifice: Agency, Body and Emotion in International Relations*一書的閱讀心得，以供佐證。除了考究政治共同體如何形塑之外，該書還有不少有趣的章節，值得再與讀者分享，其中包括作者自創的一套「獄吏困境」理論（Warden's dilemma）。

一般的「博弈理論」（game theory）所分析的是在一套固定的遊戲規則底下，遊戲的參與者會如何以個人利益為依歸作出理性的選擇。廣為人認識的「囚徒困境」論，卻幫助我們了解為什麼當每個人都做出「理性選擇」時，往往卻會導致集體的「非理性」。但Fierke卻倒轉了「囚徒困境」，提出他所謂的「獄吏困境」論，以便解釋「政治自我犧牲」這種看上去是「非理性」的行為，其實背後也有著一種「理性」支配著。再者，當一般博弈理論側重於研究在既有遊戲規則下人如何選擇，「獄吏困境」論則要分析遊戲規則是如何被挑戰或改變。

囚徒拒絕服從的語言博弈

在「獄吏困境」中參與角力的包括「主權擁有者」（獄吏）和「反抗者」（囚徒）雙方。站在強勢地位的前者要求後者絕對服從，目的是維持由他們支配的遊戲規則，鞏固他們對監獄的全面統治。在這情況下，站在弱勢的一方的囚徒只能有三個選擇：一是服從遵命，放棄自己的主體權利；二是暴力反抗，例如發起監獄暴動；三是拒絕服從，並無畏無懼地承受獄吏施加的暴力報復，作出自我犧牲。

如果他們選擇服從，等於認許了整個監獄的權力體制，除此之外並無其他選擇。如果他們選擇暴力反抗，基於力量的巨大不對稱，既很難成功，也會間接地合理化監獄方面把他們視為危險的罪犯，他們的囚徒地位並不會改變。可是，Fierke 認為他們還可以拒絕遵命，縱然這會招來獄吏的暴力懲罰，傷害自身。這種行為表面上毫不理性，但於作者而言，在其他條件配合的情況下，卻具有爭取「主體能動性」(agency) 意義，原因是這些舉動會觸發連串語言上的博弈。

從當權者方面來說，要維持自己有正當管治權的聲稱，就一定要維繫一種國家的道德權威，大大有別於那些越軌者的罪惡性質。所以，主權擁有者不斷要訴諸各種宣傳工具，把反抗行為「去政治化」，把反抗事件僅僅視作「治安問題」，把反抗者等同為「罪犯」或「恐怖分子」。這種命名是維穩工作的重要部分，因為只要把抗議「上綱上線」為國家安全的威脅，在國際社會上則高舉「主權至上」的口號，他們就有藉口去「懲罰」及「消除」「極端分子」。

獄吏施暴彰顯囚徒主體

但當囚徒開始拒絕服從，雖然這些抗命的力量是如此柔弱，不能傷及施暴的獄吏，甚至要冒喪失自己生命的風險，但獄吏卻反覆加以懲罰，不斷提升暴力，人們就會開始質疑這些暴力是否合乎比例。終至一點，獄吏會面對一個兩難處境。因為他要決定，究竟是要繼續施虐懲罰，變相令施暴成為目的，還是作出讓步，使自己「看起來」還是在人道地管理這監獄。

為什麼「看起來」人道、合理是重要呢？因為在這場博弈當中，參與互動的不僅限於監獄內的人，外面的關注也迫使監獄要管理好自己的公共形象。如果監獄證明了自己只是一部不斷施暴的機器，整個監獄的結構就會失去正當性，獄吏就會反過來變成真正的罪犯。但獄吏一旦讓步，則等於承認囚徒是談判的對象，默認他們不只是罪犯，而是值得尊重的政治主體，讓他們參與到決定他們生活條件的對話中去。

所以，政治自我犧牲者能夠激發反抗者的語言博弈，不斷為這些犧牲行為賦予意義，詮釋義士們並非遭逢不幸，白白受苦，而是為著共同體而作出犧牲。這些義士身上所受的痛苦，乃見證著共同體所面對的不公義，承擔著由於強權侵佔所帶給他們的屈辱，從而彰顯他們被否定了的政治主體性。

北愛穢物示威與絕食運動

一九七二年北愛發生「血腥星期日事件」，十多名和平示威者被英軍槍殺，在緊急法令下千計的天主教徒被拘禁，不少人支持愛爾蘭共和軍的反抗。一九七六年，原來以戰俘營方式運作的 Long Kesh 監獄被改成普通監獄，被囚者要換上囚衣，共和軍囚犯拒絕接受「普通囚犯」的身份象徵，寧可以毛毯裹身。後來又演變成「穢物示威」，拒絕洗澡之餘更把糞便抹在牆上，為的是爭取保持「政治犯」的地位。這些獄中抗爭發展至一九八〇年開始的致死絕食運動，導致多人死亡。一直對北愛持強硬立場的英國政府，為此而付出沉重的政治代價。這個案成為 Fierke 書中典型的政治自我犧牲個案。

作者從國際關係的角度把政治自我犧牲看作成「語言博弈」，重點是指出，國際上沒有發聲位置的族群，無國家地位的民族，縱然處身於猶如監獄的困境當中，仍然有迂迴的方式讓反抗獲得國際關注，引發複雜的國際互動，突破強權統治所強加的不公義，挑戰著主權國家的邊界劃定。而決定自我犧牲能否具有政治意義和影響的條件是：一、社群有否被侵佔的強權欺凌羞辱的集體經驗及回憶；二、環繞對行動者身份定性，及其義士事跡的意義有否爭持；及三、通達全球的媒體有沒有參與其中。

目前，肯為香港這個共同體作出犧牲的人多的是，然而要令自我犧牲變得有價值和政治意義和效果，就萬萬不能忘記犧牲的意義取決於這場複雜而漫長，既在本地進行，也在全球發生的語言博弈。中大與理大這星期烽火連天，卻推動美國參眾兩院火速完成《香港人權與民主法案》，原因不是國際社會讚賞暴力，支持「無底線」的抗爭，而是這幾場以校園為背景的對抗，以及示威者無助地逃亡的畫面，讓他們聯想起「天安門事件」，激活了世人對「六四」「屠殺學生」的回憶。

反抗絕望以贏回承認

不過，既然這是一種各方互動的「博弈」，就斷無某一方必勝的把握。在條件不配合的情況下，例如西藏近年的連串自焚事件無法突破資訊封鎖，政治成效就不大。而且，這種語言博弈仍然是以道德及法律等話語進行的，因為無論反抗與鎮壓都要以這些話語去判斷及支持其行為是否合理（justified）。統治者要人道、合理的光環，反抗者何嘗不需要？

換言之，如果自我犧牲的政治性質是「以受苦的身體發聲」，發聲的目的是「贏回尊重與承認」，以便「改變語言的遊戲規則」，「重啟一個平等的對話空間」，則斷不能在道德真空的狀態下，以「虛無主義」的方式參與這場持久的博弈。

「絕望的反抗」為的是要「反抗絕望」。在希望稀缺的情況下，我們所憑的不單是意志，還要加上弱勢的智慧（與「理性」），去贏取這場重拾身份與尊嚴的博弈。

原刊於《明報》，二〇一九年十一月二十四日

世界視野與重寫香港主體性

香港逆權運動至今（二〇一九年九月）延綿三個月，力迫政府答應「五大訴求」，最近林鄭終於回應正式「撤回方案」，並且抛出「四大行動」，承諾落區聽民意。但是，這些「讓步」並未能「止暴制亂」平息風波。一方面是勇武示威仍然繼續，另一方面是九月開學之後，抗議的浪潮更進一步在學校蔓延。「人鏈活動」遍地開花，最近還隨著創作歌《願榮光歸香港》的火速普及，翻轉港九新界主要商場，香港無論哪一個角落，都能隨時聽見「光復香港，時代革命」的呼喊。這一切說明了，無論政府是用打壓手段還是擺出懷柔姿態，均未能阻止這場運動進一步深化，由「反送中修例」為主軸，變成以民主自治改革為經，香港主體性建設為緯的持久運動。

事實上，香港主體性的強化既是本土主義的深化，也是其辯證超越，而逆權運動為這種轉化提供了基礎。

首先是「流水」抗爭（be water）理念，打破了「和理非」和「勇武」之間的派別劃分，這點已經多有論者談及，在此不贅。不過在「和勇共融」背後，更值得留意的「流水戰略」後果就是意識形態爭議的「擱置」。了解雨傘運動的人都會知道，在二〇一四年傘運後期「拆大台」事件之所以發生，其實是因為新興的社運「本土派」與「泛民／左膠」之間的互不信任。這種不信任由「佔中」計劃開始，直至雨傘運動都無法釋除，漸成四分五裂的局面，難以收拾。二〇一六年因為立法會參選，路線的爭拗更加白熱化。

實用主義態度的回返

可是，在這場逆權運動中，人們卻可以觀察到一種「實用主義態度」的回返，抗爭運動強調「兄弟爬山，各自努力」，嚴守「不篤灰、不割蓆、不分化、不指責」的團結路線。因此，二〇一四年前後的那種激烈的意識形態爭論並沒有再次出現。相反地，跨派別合作（例如共同擔當遊行申請人）不時可見，而且，一度被視為區別兩派的訴求的爭議點（例如是否要理會／關注／支援中國大陸上的反抗行動等），亦交替地在不同的遊行示威場合出現。

例如，筆者參加過由星光大道行往高鐵站的九龍大遊行，主題包含了「輸出革命」（向自由行旅客解釋香港運動的訴求），也有人在遊行中喊起「支援武漢」（當時發生的鎮壓群眾事件）等口號。於是，遊行的場景中一邊有人揮舞著舊港英旗，但另一邊則有人進行這些具「中國導向」的活動，兩者不時給淹沒在「香港人，加油」的吶喊聲中。另外，筆者在八月二十三日首次仿效波羅的海國家的全港築人鏈活動中，也眼見當有說普通話的遊客意圖干預時，人群的回應是向其大喊「平反六四」。雖然這些只是部分事例，但仍可見今次抗爭運動中，並沒有受制於早前那種「中國的事與我何干」的包袱。至少，人們的臨時「共識」是不要讓這些意理上的分歧把運動分化。

國際視野提升本土意識

第三點特色是運動打開了前所未有的國際面向，無論是為G20峰會而眾籌刊登的多國廣告，對美國國會關於《香港人權與民主法案》的遊說工作，以至旅居外國的香港人多次發起的聲援活動，都對本地抗爭者帶來莫大的鼓舞。而當香港的抗爭愈來愈頻繁地登上國際傳媒頭條，香港人到外地不時都被問起香港的抗爭運動，也收到不少精神上的支持和鼓勵。這種香港人「走上了國際舞台」的感覺，大大地扭轉了自一九九七年以來香港人一直感到孤立無援的「捱打」處境，也復活了上一波本土主義爭論中被貶抑了的「世界主義」（cosmopolitanism）面向。

香港過去所承傳的世界主義視野，無疑是與這城市一直是個殖民商埠有關，也是一種能夠無縫地銜接到「香港人」即「經濟人」的主導意識形態。在近二三十年全球化的浪潮底下，世界主義也往往是新自由主義安排下那種「離地」國際精英所操持的話語。但事實上，世界主義不是只屬於精英的。香港歷史上既是輸出百萬華工往新大陸的出發港，也是昔日華僑進行革命活動的基地，他們所傳承的「世界主義」精神，恐怕更多是一種難以全面被政權收編的離散族群的反叛能力。

例如，由網民發起的「攬炒」行動（包括要求外國政府取消高官的外國護照等），所針對的正是對那些被政權收編，或為政權所服務的中港權貴／跨國離地精英。另外，透過海外香港僑民向外國政府及議員遊説，促請外國有關當局為香港出聲出力……這類國際性抗爭行動所展示出來的「世界主義」，自然不可以與出賣本土利益的跨國離地中產的世界主義等量齊觀。這些行動超越「和勇之分」，但積極有力，於是廣受喝采。

筆者認為，這種「國際視野」的重返對本土意識的提升有莫大的意義，因為這種世界主義不但沒有背離本土，更加是對香港一直以來作為國際城市的傳統作出革新性的肯定，大大地擴闊了「香港共同體」的想像以及政治與文化抗爭的操作空間。

身份政治是「承認的政治」

事實上，強化香港主體性的努力，離不開建立一個有自覺性的政治共同體，以使共同體的成員能夠分享彼此的價值與歷史記憶，和分擔共同的傷痛與苦難經驗。香港作為一個政治共同體的獨特性在於，她不是一個穩定久遠的文化族群，而是一個永遠在變遷之中的商埠，她最大的文化資產亦是其國際性格。她所積存的文化價值和歷史記憶，亦只有從確認她是一個具國際性格的城市開始，不能比附自己為擁有一個中原文化中心，或者一個純潔的鄉土。

更重要的是，要建立具主體性的身份，走出被動的奴民狀態，首先要明確知道，「身份政治」是一種加拿大政治哲學家泰勒（Charles Taylor）所說的「承認的政治」（politics of recognition）。也就是說，身份認同並非單純的自我肯定，而是需要他者的承認。主權移交以來，在一切以一國兩制為大前提底下，香港身份只是憑中國的承認或不承認，這是一種依從性的狀態，一切等待恩賜，不少香港人只敢活在中央的眼神和關注底下。但其實，香港身份過去一直都是處身世界的各種力量之間，她雖然在殖民統治下沒有自主的獨特身份，但她並沒有被世界所輕視與遺忘。到今日，香港身份要重新自我強化，則很大程度上視乎香港如何爭取世人的目光，我們又是如何被世界上其他國家及人民看待。

分擔痛苦，建共同體意識

只有在抗爭中能夠互相扶持，分擔苦痛才能真正的建立起共同體意識，沒有這種集體意識，我們不可能跳出無限的被殖民命運輪迴。所以，香港的逆權抗爭正是一個香港本土意識，政治共同體意識邁上新台階的里程碑。這個運動邀請我們重新與自身的歷史經驗建立聯繫，邀請我們重新闡釋我們的傳統和師訓，也同時重新打開我們的世界視野。這運動捲入每個人的文化資源，動員起環繞著公義、人權等普世價值抗爭的歷史記憶，但同時卻由具體的每個人的切身經驗開始，讓這些抽象的價值得以印證。這些經驗可以匯流成為社群共通的感情和勇氣，讓我們說出另一種香港人的故事，真正有主體性的香港人的故事，在世界舞台上屹立我們獨特的身份。

原刊於《明報》，二〇一九年九月十五日

哪種暴力？如何批判？

香港局勢日益動盪，抗爭和鎮壓已成為日常生活一部分。近日不少名流發言希望降溫，聲言「譴責一切暴力」，認為「暴力不是解決問題的方法」。持這些「反暴力論」的不乏立意善良者，抱著良好的和平主義願望，但亦有一些只是偽裝中立，用這些老生常談來混淆視聽。筆者能夠體諒和平主義者的善心，但不得不指出含糊籠統的「反暴力論」，不單無法幫助我們去對當下複雜的暴力現象進行辨析，更加令我們無法真正批判暴力。

首先，這些籠統的「反暴力論」根本不想去搞清楚，究竟什麼人想解決什麼問題，追求什麼目的。

當前香港存在三種暴力：一是激進示威者的暴力；二是警察鎮壓和濫捕的暴力；三是「白衣人」無差別地襲擊市民的暴力。示威者的目的是「五大訴求」，制止惡法，追究政府失誤的政治責任，令香港可以重回正軌，人民權利獲得保護，彰顯公義。警察的目的，理論上是維持治安，保護市民生命財產，但實質上是阻止示威，壓抑憤怒的表達，消除反抗者的聲勢。「白衣人」則企圖以暴力威嚇行使表達自由、集會自由的人，曲線為「維穩」與「國家安全」的專制威權政治建立基礎。

香港的法律體系，任何被控告干犯暴力行為的人，都有機會為自己的行為辯護。控辯雙方均可以提出證據，就法律原則進行辯論。西方法學的兩大理論體系：「自然法」（natural law）與「實證法」（positive law）是法律原則的依據。前者著重目的是否合乎公義，後者專注於手段是否合乎法規。兩套法理學系統焦點不同，但亦有共通點，就是將暴力視為一種追求特定目的的手段，可以被理性地分析。這些理論亦假設我們的社會，人們用合乎公義的手段是可以爭取到合乎公義的目的。

可是，這項假設往往只是一種空想，一種迷思，更加不符合當前香港的狀態。

法律免去暴力解決問題？

閱讀德國思想家本雅明（Walter Benjamin）的〈暴力的批判〉（Critique of Violence），為我們提供一種對暴力的深度反思。他挑戰我們去重新思考暴力、法律和公義三者之間的關係。他打破了兩個我們習以為常的假定：一、法律免於我們用暴力去解決問題；二、法律必然會彰顯公義。

本雅明指出，第一點是錯的。因為暴力和法律其實是一體的兩面。法律沒有為我們免除暴力，只是為我們區分了「合法的暴力」和「非法的暴力」。而暴力與法律的關係更可以從暴力的兩種功能去說明——其一是「立法的功能」(lawmaking)，其二是「護法的功能」(lawpreserving)。法律是用來維繫一種特定社會狀態的秩序（包括權力安排、制度架構、領土疆界等），而歸根結柢，所有秩序都是某種暴力事態（例如戰爭、革命）之後的結果。暴力為政權開創一個政治新紀元，創立新法，之後亦無放棄暴力，因為法律也要靠暴力去執行與維護。

要強化這兩種功能，國家就要壟斷暴力，禁止私人以暴力解決問題。這部通過法律來行使暴力的機器要維持「法紀」（法律及紀律）。樹立法紀權威就不單是懲治罪犯，而是反過來以法紀自身為目的，消除任何可以威脅這法紀的力量。於是，任何潛在的威脅就會被定義為「暴力」。頭盔、眼罩和保鮮紙可以成為嫌疑「暴徒」的「證據」，就是因為國家要消除任何潛在的威脅。為什麼國家政權要忌憚這些微小、單薄，只可以保護人民肉身的裝備，原因就是它們可以把「憤怒的人民」裝備起來，高聲向權威說不。就如古代一個汪洋大盜也會令王權膽顫心驚，不在於他有強壯的血肉之軀，而是他在民眾中會贏來讚嘆與羨慕。這種始終未能被國家所完全排斥或消滅的民間暴力之所以對法紀構成威脅，是因為它們具備有另立新法的潛在可能。

在「正常」的狀態下，社會上仍有各種機制，分別去評價「立法」和「護法」的工作是否合乎公義。但是把暴力壟斷的警察，卻是一個把暴力的兩種功能結合在一起的怪物。以「執法」為名，警察常常懸置了社會對他們的議論和監察，他們不斷透過頒行種種禁令，滿足國家那種未能完全透過法律程序去實現的目的。在「國家安全」等的名義下，人民被監視和規訓。就是在日常生活，警暴也無處不在。

法律就是公義嗎？

第二，按照自然法的理論，法律應該服務於人們去享用人權、公義等自然權利，法律的目的就是實現公義。但現實上，單靠合法的手段往往無法取得公義的目的。要全面地了解暴力的性質，就有必要跳出現存法理學用「手段—目的」的框架來檢視暴力的局限，重新在一個外於並高於法律的歷史哲學制高點，去重新審視暴力與公義。

本雅明借用神話來重新思考那些不能簡單切割為「為達目的而採用的手段」的直接暴力。希臘神話的尼俄伯（Niobe）對宙斯（Zeus）的一個配偶勒托（Leto）不敬，勒托的子女阿波羅（Appolo）及阿提米絲（Artemis）用毒箭把尼俄伯的七子七女全部殺光。本雅明在這神話中看到了極為原始，極為直率的暴力。這場血腥恐怖的殺戮看起來是懲罰，但其實是透過震懾而「立法」。這「創立法律」的過程同時也是「創立權力」的過程，形成宰制（domination）之局。尼俄伯所犯的「罪」其實在於她向「命運」挑戰。而「命運」對她的制裁是使她在餘生充滿罪疚感。

蓋上命運桂冠的暴力

從神話的隱喻本雅明說明了所謂「法的起源是蓋上了命運桂冠的暴力」（violence crowned by fate is the origin of law），「法」要被治的人民所接受的乃是「命運」安排的秩序，這秩序當然是由先前的（立法）暴力所構建。本雅明要說的，是這種「神話的暴力」不單存在於神話的世界，而是當下充滿問題的整個法律制度底下，其實遮閉和掩飾了一種只能用神話來解說的秘密。這秘密就是：理性從來都不是用來決定某種手段是否合乎公義，決定的其實是由「命運強加的暴力」，這種由暴力來決定的「命運」，當然和我們在理性的法學理論中所理解公義並不一致。

可是，正由於活在「法治」的迷思之中，人們不再意識到法律制度背後中隱藏的暴力（例如對殖民時期遺留下來的公安惡法習以為常，視之為理所當然）。只有當法律（包括立法、執法和司法的機關）不再服務於公義，這些制度的暴力就會激發出「不認命者」反抗的暴力，這個制度就邁向衰落，日益腐敗。為求自保，就不得不更大地求助於護法的暴力，放棄之前承諾的「法治」，繼之以法治之名強加「法紀」。

從這個角度來看，與「愛國愛港」力量有密切關聯的「白衣暴力」，並無特定的目標和對象，活像一種「神話性的暴力」，難以區分它的目的和手段。它既在「法」之外，亦在「法」之內，因為它雖然是「非法」，但其震懾效應卻足為香港奠定一種（由命運強加的）「新秩序」，創立一種「新法」，像阿波羅兩兄妹所幹的，讓恐懼捕獲所有人——這是國家「神話性暴力」的自我揭露及重演。

香港目前出現的三種暴力，並不是對等的暴力。要說的並非三種暴力在強弱程度上的懸殊，而是它們並不處於對等關係，所以絕對不能等量齊觀。不區分三者而聲聲譴責暴力不單是偽善，也是對暴力、法律和公義之間關係的無知。

原刊於《明報》，二〇一九年八月四日

下放段崇智去牛棚

中大校長段崇智日前發表公開信，詳述他與中大學生深情對話之後的見解和觀點，連日惹來鋪天蓋地的攻擊。上至前特首梁振英、《人民日報》，下至工聯會、藍色網媒、左派報章，甚至四個警察協會的主席都殺聲震天。有斥段校長「隨波逐流，不辯是非」，有指責他「包庇罪行，自毀大學公信力」，有罵段「為暴動背書」，「中大已被暴徒騎劫」，不一而足。不過最為粗鄙無文的評論來自前任特首梁振英，他力指段崇智「縮骨」、「甩身」、「只為了個人解脱」，極盡人身攻擊的能事。不過最令人戰慄的還是他寫了過千字的鴻文最後一句：「近年香港的大學學生會都是玩政治的，當中還有無恥無敵的高手，但不是每個大學校長都是懂政治的，段校長，你有沒有入錯行？」

只紅不專，校長入錯行？

梁振英貴為前任特首，當今也是全國政協副主席。按照殖民地時代遺留下來的制度，梁在任特首期間，是香港所有大學的校監。他當然知道，香港所有資助大學的教授都是從全球招聘。在一個以研究成果和教學卓越掛帥的高等教育世界，各地求才若渴，競爭激烈。梁振英對段崇智的人身攻擊和無情羞辱，其實已經等於向全世界宣告，像段崇智這種「不懂政治」的學者，根本想也不要想來香港發展，因為香港已經回到「紅」大過「專」的文革時代。作為大學校長，一下子忘記了要緊緊跟隨「正確」政治路線，就會招來「國家領導人」級別的攻擊，身敗名裂，斯文掃地。如此一來，不單中大以後休想吸引什麼國際知名學者，在任的「老外」教授也不能不撫心自問，在這個「揸槍的」也會來教你如何管理大學的醬缸香港，究竟自己「有沒有入錯行」。

其實段崇智的那封公開信，只是說了一些四平八穩的話，但已經扛上「包庇暴徒」，使中大變成「反中亂港的港獨勢力的基地」的嚴重罪名，說明今日在《緊急法》下的香港，有黨國機器撐腰的「武人干政」已經是特區現實的一部分。在「警察國家」（police state）狀態底下，大學，一如一切教育機構，都只不過是「意識形態國家機器」，與警察與監獄這些「鎮壓性國家機器」本質沒有分別。在維穩至上的前提下，前者要除下「自由、中立、理性」的外衣，完全聽命於後者。無論是哪一級的教育機構，首要的任務就是對「維穩政權」效忠，認清舉報嫌疑罪犯，比什麼撈什子教育理念，「以人為本」的教育原則還要優先。

五四百年考驗校長風骨

觀乎中國近代，軍閥武人最為忌諱的正是學生運動。最能考驗所謂知識分子風骨的自然是夾在軍閥武人和學生中間的大學校長。今年（二〇一九）是五四運動一百周年，中共爪牙及特區的武裝鷹犬對中大及段崇智的攻擊，實在是這五四一百周年最具諷刺性，但也別具歷史意義的紀念。

提起五四，人們每每想起當年也是背負「暴徒大學」之名的北京大學校長蔡元培。其實當年五月四日發生火燒趙家樓，毆打章宗祥事件[1]之後，北洋政府內屬安徽（皖）系的軍閥段祺瑞也主張強硬鎮壓，甚至揚言要解散北大、罷免校長蔡元培。他說：「寧可十年不要學校，也不可一日容此學風。」但其實當時蔡元培所做的，只是在五四事件發生之後，為保釋學生而奔走罷了。為此，他還曾經努力勸說學生取消之後為抗議逮捕學生而發起的罷課行動。但政府內的強硬派卻把他視作學運風潮的幕後操縱者，只有他本人離開北大，風潮才能平息。不旋數日，蔡元培就自動向政府遞交了辭呈，並在辦公室留下「我倦矣！『殺君馬者道旁兒』」的字條悄然離去。看來更像梁振英所謂的「只為了個人解脱」。

「殺君馬者道旁兒」之句源出於古書《風俗通》，意謂一匹跑得快的馬原是好事，但路邊旁人不停鼓掌，騎馬的人不斷加速，卻有可能把馬累死。當日有人猜測，蔡元培所指的「馬」及「道旁兒」究竟指的是誰？近來有不少評論人（例如張文光）引用蔡元培借用的這句來警告社會運動的旁觀者，不要只懂得向青年喝采叫好，以免推他們走向死地。此提醒本意並非不可取，但卻非蔡元培當日的意思。因為學者其實早已考證出，所謂「道旁兒」乃指政府與學生對抗的整個社會氛圍，合力使他置於政治漩渦的中心，像一匹馬一樣「馳驅不

1 五月四日大示威中，有部分學生走向親日派官員曹汝霖的住宅，把官邸內的趙家樓放火燒毀，而剛好躲藏於曹府內的駐日公使章宗祥亦被學生發現而且打傷。

已，至於死」。蔡元培感嘆自己竟然成為這悲劇的磨心，毅然求去，希望盡早平息風波。當然，事與願違的是，他的請辭不單沒有平息風波，反而令學生相信蔡元培是因為受壓於政府而「被辭職」，爭取要他復職的風潮也使五四運動之火愈燒愈烈。

今日中大的段崇智校長，所做的事遠非蔡元培那種為保釋學生而四處奔走，但夾在夾縫之中兩面不是人的處境，卻與當年的蔡元培十分相像，甚至比他更為惡劣。原因是五四當日全北京被捕的學生不過三十餘人，但今日被補的，只是中大同學就已達此數，他們所遭受的更是駭人聽聞的侵權與虐打。而另一方面，今日的梁振英之流，其言辭之歹毒與惡劣，其實已遠超當年的北洋軍閥，長期茹素的段祺瑞好像更和藹可親一點。何況，當年北洋政府內既有段祺瑞這類每愛稱示威學生為「暴徒」的強硬派，但也有總統徐世昌這類溫和派。

在五四事件發生後兩日，政府不但有親日派官員陸宗輿、曹汝霖請辭而被挽留的姿態，而為了平息不安，政府頒佈了命令要依法逮捕懲辦糾眾擾亂秩序者，斷勿再疏弛，但命令內文竟然首先就承認，五四事件中警察「事前調動失宜，殊屬疏誤。所派出之警察人員，防範無方，有負職守。著即由該總監（吳炳湘）查明職名，呈候懲戒」。觀乎今日特區政府，由林鄭到盧偉聰（時任警務處處長），又有誰有片言隻語，像當日北洋政府般肯反躬自省，公開承擔自己把局勢搞壞的責任？

古語云：秀才遇著兵，有理講不清。沉迷於槍桿子出政權的，骨子裡都是反智，因為他們只知道權力就是一切，從不相信教育有什麼內在的目的。在他們眼中，教育的首要和最終目的還是控制思想，敢於在權力機器面前，不畏權勢，以維持知識分子良知和教育者責任的，每每需要無比勇氣。而說到可以在強權面前，夠膽不假辭色的大學校長，其實無論蔡元培和段崇智都數不上。

劉文典傲骨垂民國青史

民國時期，夠膽頂撞蔣介石的要數安徽大學校長劉文典。劉文典是文史大師，校勘學和莊子的專家，師從章太炎、劉師培等，亦曾參加過同盟會。一九二七年蔣介石上台不久，主動要去安徽大學參觀，但劉文典並沒有為他安排「歡迎儀式」，令蔣介石大為不滿。一九二八年，安徽大學發生學潮，蔣介石召見劉文典問話，斥責他對學生管教無方，要劉交出在學潮中鬧事的共產黨員名單，並嚴懲罷課的學生。劉說：「我不知道誰是共產黨。你是總司令，就應該帶好你的兵。我是大學校長，學校的事由我管。」蔣指著劉怒斥：「看你這個樣子，簡直像個土豪劣紳！」劉也大聲反罵：「看你這個樣子，簡直就是一個新軍閥！」史書更有傳言謂兩人曾發生短暫的肢體衝突。

結果，劉文典被蔣介石軟禁，安徽大學的學生於是集會遊行，後來又有幾家學校響應，舉行罷課，高呼「打倒新軍閥！」、「釋放劉校長！」。蔣介石又採取了鎮壓行動，逮捕了一批學生。一個月後，在蔡元培、胡適、蔣夢麟等人的多方營救下，蔣介石始肯釋放劉文典，但劉不肯出來，並謂：「我劉文典豈是說關就關、說放就放的！要想請我出去，請先還我清白！」

劉文典校長豪氣干雲之處，說明那真是一個革命的年代。

可悲的是，這些傲骨錚錚的大學校長傳奇，似乎只能在民國歷史中找到，而利用這些學潮而冒起的共產黨，掌權之後反而更絕情而殘酷地馴服知識分子。段崇智校長稍有一點本著良知與事實作一些公允之言，黨國機器立即開動攻擊，齊齊否定其作為大學校長的基本資格。恐怕那姓段的再敢多言為「暴徒」說項，就會把他下放到牛棚去，接受再教育，讓他好好地反省自己究竟有沒有「入錯行」。

「五四」就這樣過了一百年，遇上的卻是更為乖張荒誕的年代。

原刊於《明報》，二〇一九年十月二十七日

政治的重返與行動的德性

延續了超過半年的逆權運動，隨著警察圍攻中大和理大，區議會選舉結束，和美國總統簽署了《香港人權與民主法案》，可謂到了一個頂峰。雖然決定往後發展方向的因素仍然眾多，難以準確預料，但肯定的是，運動已經開創了一個全新的局面，徹底的改變了香港的政治、社會及文化生態。在這個意義上，說這是一場「時代革命」並無誇大：它在「社會關係」、「文化意識」的微觀意義上為香港產生了革命性的轉變，雖然它仍然未足以撼動政權，令其充分回應運動訴求。而宏觀意義上的體制性「政治改革」，前景仍是迷糊不清。

逆權運動的三大成果

使香港產生這些歷史性改變的，無疑是這場運動中累積起來的各項成果。當中最突出的一點是香港「國際城市地位」受世界重新確認：人們不會再輕易以為，香港逐漸被中國所吸納，成為中國國內一個普通城市，是一項必然的事。因為在這場影響深遠的逆權運動，已經由「反送中修例」、「反警暴」的個別具體訴求，漸次發展出一場以自由、人權和公義為綱的民主自治運動：對內一方面，運動形塑出香港人之間手足式的團結精神，不分和勇，不問膚色，強化了「香港共同體意識」；對外的另一方面，逆權抗爭把香港問題提升為國際焦點，牽動中美之間的談判與角力，最終令美國通過《香港人權與民主法案》，影響還會持續地在其他國家擴散。

第二項運動的成果是透過區議會選舉，反對派掌握了一種「半地方執政」的地位。雖然憲政上區議會的實權非常有限，但它的具體意義是令中共及保皇派三十多年來在地區層面的政治工作，遭逢前所未有的可恥性失敗，導致陣腳大亂、軍心渙散。雖然中共絕不會欠缺資源豢養敗部，力求在未來復辟，可是當地區人民的政治意識大幅提升，大的政治危機卻遲遲未能解決，運動張力看來仍會維持下去。在這情況下，保皇派如果還是想用舊的統戰手法去鞏固實力，試圖恢復昔日的所謂「常態」，其實一點也不容易。如何在地區層面因應新的政治地貌而作出重新部置，相信中共要花一段長的時間重新學習。

除了上述兩點，另一項引申出來的運動效應也逐步浮現，那就是保皇派之間的內鬨，以及「管治聯盟」的分裂。雖然中共目前仍然力挺林鄭，以及出盡九牛二虎之力「撐警」，表面上看來仍然是強硬路線佔上風，無懼廣大香港市民的挑戰。然而，中共維繫保皇派內部團結之力，已見強弩之末的頹勢。來自商界的異見聲音此起彼落，前所未有地高調，惹來保皇陣營內新舊「極左派」的不滿。而保皇派陣營的政黨，也在選舉大敗之後，紛紛提高批評現政府的調門，官員通通變成靶子，好不熱鬧。

事實上，當今美國的《香港人權與民主法案》像懸空利刃，高掛香港之上，而且日漸向其他國家擴散，形成圍堵之局。中共不單無法維持過去駕馭「管治聯盟」的威勢，更要把形成香港危機之局委過於人，以解決「深層次矛盾」的名義擺出要復活「階級鬥爭」的姿態，自然會加速保皇派內部的離心力。而美國的強勢介入，亦令既得利益者重新考慮，在這場中美角力之中，誰才是真正的最後勝利者，以及在隆隆砲聲當中，怎樣才是最佳的自保策略，以免自己首先就被當作犧牲品。這種裂痕處處的現象，實是主權易幟以來所罕見。

上述的三項轉變，無可避免地使香港抗爭運動在未來充滿了變數。

中美角力還是中美共治？

但肯定的是，從今之後，香港問題的未來發展最終取決於中美關係。中美之間的角力與談判如果破局，美國大有機會將會從嚴執行《香港人權與民主法案》下的制裁，中共亦必會更強力反制，打壓異心的香港。如果這樣，街頭抗爭必會再度激化，衝突再度升級，不知伊於胡底。但如果中美對峙緩和，談判達成協議，制裁幅度將會有限度，甚或擱置，中共對港政策或者會在與美達成默契下自我約束，香港將會出現一個「中美共治」的年代。而只要衝突緩和，反對派在地區層面方有空間落實開展新政，公民社會也會得以喘息和復甦，進一步在有序的情況下推進政治改革，逐步達成運動的「五大訴求」。

筆者在運動初期，曾經以〈政治的終結與絕望的反抗〉為題，申論運動所爆發的動力是絕望的處境，這處境是由「政治」的死亡所導致。「政治」所意指的是事情有周旋的空間、討價還價的餘地。「政治」也必然涉及不同價值、信念和方向的論述，不同論述之間一定會出現關於優次目標和手段方法的爭議。參與政治的各方，也會有時間及空間去調動資源，作出策略性的部署和決定，以及仔細考慮這些決定所牽涉的責任問題。

傘運雖然失敗，但結束之後初期，政治的空間仍然十分寬闊，但期後的發展卻是急轉直下，直至「反送中修例」人人均見「絕望」。唯一的選擇，是作出掩埋一切政治分歧，作出 to be or not to be 的「存在主義式反抗」，激發出「有今生，沒來世」的無窮動力。在這種以義憤和感情推動的反抗精神，不惜犧牲的大勇，使我們萬眾一心，也使我們可以暫忘「政治」。政權長期訴諸警暴鎮壓，不用「政治方式去解決政治問題」，也使得「政治」長期處於休眠狀態。

今日，雖然全面實現五大訴求目標仍然遙遠，但按上述所概括的三點，足以令我們察覺，「政治」的大門已經重啟，因為「我們」已非真的是一無所有。我們贏取了一點時間，爭奪了一片空間，補足了一些資源，也建立起某程度的自信與地位。但我們立即就要面對先前在「絕望困境」中被暫時掩埋的各種分歧，包括價值、運動方向、目標的優次選擇，資源投放的決定。「我們」立即要重新面對，誰是可以爭取的對象，誰是潛在的盟友，以至誰是敵人誰是「鬼」的爭論。而我們要面對的，更是複雜而多層次的戰線：街頭、議會、國際外交，以及本地的公民社會，以至被政權力量滲透的私人領域。

一方面，我們固然需要去問，和理非與勇武派的團結基礎是否真的穩固，以至可以包容可能發生的更激進的暴力抗爭，但另一方面，更大的風險其實出自如何應付政權的假讓步、真分化。可以預料，類似「革命派」和「議會迷」之間的爭論，可能會蓋過「勇武」與「和理非」之間在過去的互相牴牾。

鄂蘭的啟示：勇氣與節制

不過，雖然挑戰是如此嚴峻，但政治的回返卻是這場抗爭之具有意義的所在。正如德國思想家漢娜・鄂蘭（Hannah Arendt）所言，自由只有以「政治」作前提的情況下才有積極意義。而「政治」的基礎乃是與他人的共在與分享，在共同的世界中以平等身份互相爭辯競勝，並以公民政治行動開創新局面。

鄂蘭又認為，「開啟新局面」其實是令人十分焦慮的事。因為它既意味「不可逆轉」（返唔到轉頭），也意味無法預測。政治行動者可能帶來始料未及的失望和挫折，以及未能預期的（對自身與他人的）傷害和影響。鄂蘭認為，針對前者，行動者需要「勇氣」；針對後者，行動者需要「節制」。只有「勇氣」與「節制」這兩種德性（virtues）能同時並行，行動（包括革命行動）才可以避免自我挫敗，自毀其開創的新局面。

在香港，「絕望的反抗」把萬千香港人在半年間轉化為政治行動者，創造了新的局面，但我們需要走出的其實是「絕望的困境」，因此，往後需要的，不再是為情緒綁架的「反應」（reaction），而是真正自由的行動（action），在需要勇氣的同時也需要節制。「政治」的重返，正好開啟了絕望反抗之外的新的可能性。

原刊於《明報》，二〇一九年十二月八日

「法拉利愛國主義」與階級戰爭

香港的「逆權運動」持續數月，運動的戰場不單由港島的政治中心地帶向地區擴散，更加掀起海外香港僑民的參與，及外國媒體的持續高度關注，日漸成為熱門的國際政治焦點。而抗議運動的戰場亦開始搬到外國的大城市：倫敦、悉尼、紐約和多倫多等，相繼發生了支持香港的示威，亦吸引了當地的親中派及大陸留學生等的動員反制。

權貴分子揮舞紅旗

日前多倫多出現了一個引起哄動的場面，事緣在一個大陸人「撐港警」的集會上，出現了一整列由法拉利等豪華房車所組成的車隊招搖過市，那些車的身上都插滿五星紅旗，車上的富二代、官二代則帶領參加者大喊下流髒話，謾罵香港人是「窮逼」和「廢青」，叫囂「留島不留人」。這場「法拉利愛國主義」的瘋狂展示，原本呼應著中國大陸的網絡上充斥的「反港獨」、「撐港警」的「愛國主義」情緒。可是，當視頻在網上瘋傳之後，輿論卻出現奇妙的轉向，因為這些畫面令不少大陸網民立即聯想起在重慶發生的「保時捷女司機事件」。

事緣七月尾，重慶一位駕駛著保時捷跑車的女司機違反交通規則調頭，被前面一輛正常直行的小轎車堵住了。女事主怒氣沖沖地下車用手指著那部車的男車主喝罵，並猛然摑了他一記耳光……正當圍觀者對此行為大感驚愕之際，男司機也回擊了女司機一耳光，打飛了她頭上的帽子。大陸網民上載有關視頻之後事件立即引來全民討伐，人肉搜尋下不但查出女司機的丈夫是重慶市某派出所的所長，更翻出他過去的違紀問題，最終導致他被免除所長職務，接受立案調查。大陸網絡上也相繼地出現了其他視頻，記錄了發生在其他地方（例如溫州）相類似的富人惡行，一時之間掀起了斥責權貴恃富行凶，仗勢凌人的熱議。

多倫多那批法拉利愛國主義者的囂張行徑在網上擴散之後，激起了不少人的指責，因為人們不單看到紅旗揮舞，更看到權貴分子的囂張，於是把多倫多的事件與重慶事件聯繫起來。

一篇流傳甚廣的網文這樣寫道：

一個國家有一群人，可以在國外開著法拉利呼嘯而過，而另一群人只能生活在自己國家的地下室，每天過著不足五美元的生活，而且還有幾千萬人甚至一天幾塊人民幣……

我們這樣的一個月收入幾千塊錢是沒有勇氣和資格去叫那些人廢青和窮逼的，一天生活費不足五美元，好意思叫別人窮逼嗎？……

是的，你開始意識到了，你不敢跟著喊窮逼了，因為你愛不起，你愛不起國了，你沒有那個資格。法拉利青年，叫的理直氣壯，叫的山崩地裂，他們的愛國也同樣理直氣壯，就像愛他們的法拉利一樣，而你的愛小心翼翼，捉襟見肘，就像你愛的泡麵一樣。

文章發表以後引來巨大的迴響。有人說：「從香港事情上看，看得出哪邊是廢青了。」也有人說：「來自封建權貴的嘲諷，讓全世界人看到了中國權貴的嘴臉。」更有人呼籲仿效重慶事件，把這些腐敗分子的家庭都找出來。結果網民找出了，在多倫多帶頭扛紅旗的，大部分是山東省長和多名副省長的孫子。而由於這種輿論轉向的出現，有關的視頻就迅速地被刪除掉。

愛國主義底下的階級政治

這宗「法拉利愛國主義」事件之所以值得留意，是因為它暴露了一個當前中港局勢下往往為人們所輕視的階級政治面向，以及這種階級政治如何和民族主義或愛國主義互動的問題。

當林鄭月娥個人的領導危機，一步一步惡化為管治危機及對整個體制的信任危機之際，執行強硬治港政策的官員，並沒有出手幫助化解危機，反而容讓這些危機不斷擴大。大抵他們會以為，這正是一個契機，讓他們可以一次過解決香港內部的反對力量。他們以為，把示威者和反對派都一一扣上「港獨分子」的帽子，這些人就會被孤立，被擊破。而中共在動員大陸內部「反港獨」的「民意」支持時，將會贏取民族主義的絕對正當性，為七十周年「國慶」再添光環。

可是，在大力鼓動大陸網上愛國主義輿論的同時，卻掩蓋不了中國內部的各種矛盾，正迅速地匯聚成一種反權貴的階級政治的事實。中國國內這種嚴峻的階級矛盾究竟能否被民族主義動員所扭曲，經收編及轉化後成為一種盲目的法西斯主義，讓日益憤怒的基層都只是盲目地在黨國周圍搖旗吶喊，任其差遣利用，其實是一場巨大的博弈，成敗未知。

香港當前的局面，所涉及的也斷不是純粹的「中港矛盾」問題。當林鄭形容示威者乃是社會上沒有「持份」的一群（they have no stake in the society）時，就等於說他們只是一群被社會淘汰的「無產階級」。她說的話所反映的「既得利益者」心態，和指罵香港人為「廢青」、「窮逼」的那些「法拉利愛國主義者」如出一轍。這些人不斷指控反抗的香港人「勾結外國勢力」，形同宣判他們是「死敵」，「留島不留人」的叫囂，等同在心態上打開了不惜一戰的門閥。

然而，以愛國主義來包裝階級戰爭，又是否永遠收效的萬應靈丹呢？正如列寧（Vladimir Lenin）和托洛茨基（Leon Trotsky）都曾指出過，戰爭往往同時也是革命的契機，所以沒有人能夠準確掌握進入了戰爭狀態的後果。民族主義動員也經常是一「雙面刃」，五四運動的經驗已教訓我們，一方面是「外爭國權」，另一方面同時是「內除國賊」。

一場討伐香港「南蠻」的「內戰」未必會止於「內戰」，卻隨時可以是引發跨地一場真正階級革命的悲鬧劇，引火自焚。

原刊於《明報》，二〇一九年八月二十三日

哈囉緊急法，再見殖民地

二〇一九年八月三十日，警察突然高調地大肆搜捕來自不同政治光譜的反對派人士，而一些建制派核心人物，也四出在公共場合，揚言政府正積極考慮引用《緊急情況規例條例》（《緊急法》），以遏止「逆權運動」的抗爭。該條條例制訂於一九二二年，給予當時殖民地總督會同行政局，可以訂立任何他們認為合乎公眾利益的規例，權限極大，該法在香港歷史上亦多番引用。可是，不少法律界人士也指出，今日的特首並沒有權力引用此法。因為《基本法》並無授予特首這項權力，而且《基本法》第十八條對於誰人有權宣佈「緊急狀態」根本另有規定。如果特首貿然引用《緊急法》就是違憲。

之所以出現這種荒謬的情況，很明顯就是因為《緊急法》所付予的權力，是產生於殖民時期，屬於一個英國外派在香港的殖民總督。但理論上，《基本法》是為了終結殖民統治而設，宣佈進入緊急狀態的只能是「主權者」的代表即「人大常委」，更列明《公民權利和政治權利國際公約》在香港生效。《基本法》和《緊急法》兩者背後的設定是互相矛盾的。按常理，由於《基本法》具淩駕性，所以《緊急法》應予廢除。

特區竭力保留殖民權力

但事實是，在一九九七年之前，中英雙方由於無法達成「直通車」安排，[1] 中方「另起爐灶」成立「臨時立法會」。大量法律「適應化」的工作，只是由一班中方委任的「臨立會議員」在短時間內草草處理。本來在港英時代末屆立法局已經修改得較符合人權法原則的「公安法」被「還原」不在話下，就連《緊急法》這種粗暴地出於殖民統治需要的法例，都只是把「總督會同行政局」改為「特首會同行政會議」。

這充分地說明了，特區政府的體制根本上就是一個「未經徹底解除殖民狀態」這事實，在特區成立的當日已經註定。而接收香港這塊殖民地的中國，並沒有把香港解除殖民體制（「去殖」）作為最首要的任務，反而是竭力保留像《緊急法》這些殖民者權力，哪怕在新的《基本法》架構下安排的好像是另一套。

當日曾經身受殖民《緊急法》所打擊的有不少是當年高舉反帝反殖大旗的「左派分

子」，不過今天的譚耀宗及吳秋北等，卻為實施《緊急法》的傳聞，大打邊鼓，聲稱「非常時期，要用非常手段」。對此，不少人感到非常諷刺。

反殖民者繼承殖民治術

筆者想起了非洲肯雅的文學家恩古吉・瓦・提昂戈（Ngũgĩ wa Thiong'o）於一九七八年出版的一本書《扣押：一個作家的獄中雜記》（*Detained: A Writer's Prison Diary*）。恩古吉出身於肯雅一個佃農家庭，他的家人因參與反英殖的「矛矛起義」（Mau-mau Uprising，一九五六至六〇）而受迫害，一個兄弟身死，母親更曾被酷刑折磨。而他則逃過劫難，還有幸繼續升學。但在肯雅獨立後十四年（一九七七），他卻因為寫了一本書而開罪了當權的政治強人甘耶達（Kenyatta），被政府扣押和拷打，不經法庭審訊而被關了一年。

《扣押》這本書的原稿是寫在獄中的廁紙上，作者記錄了一個有趣的場景：

1　原來英中雙方協議，最後一屆立法局議員可全數過渡為特區第一屆立法會議員，被稱為「直通車」安排。

獄卒問教授：「很晚了，還不睡，你在幹什麼？」恩古吉答：「我在寫信給甘耶達，那個以前也在這裡被關押的人……」獄卒回話說：「那是殖民時代的事了。」恩古吉接著和獄卒解説，甘耶達是從英國人那裡學懂如何把肯雅人關進大牢的，自己被扣押這件事，其實是一件新殖民的事。

恩古吉在獄中的反思，使他了解到「矛矛起義」並沒有讓殖民狀態真的終結，因為參加起義的人，例如領袖甘耶達等，只是繼承了殖民者的權力和他們的殖民治術，內心卻從未解殖，他們其實只是繼續搬演「心智上的殖民主義」（mental colonialism）。他認為，那些新的肯雅統治階級在殖民時期已經給殖民主義社教化，將法律視作宰制的工具，而非用來限制政府權力。而殖民時期的法律制度留下的遺緒，其實是一個威權管治的模式，後殖民時代的管治精英，大都把這套稍加改換便照單全收。他們從殖民者那裡承傳了各種「非常手段」，例如所謂「防治性扣押」（preventive detention）、「遊蕩罪」等手段，用從前殖民者對付土著的手段，來鎮壓與政權持不同意見的異見者。

殖民者「恐懼儀式」逼人閉嘴

最為令人矚目的是，殖民者用以鎮壓土著起義時所用的「恐懼文化」（或者「令殘暴合法化」的文化，culture of legalized brutality），也依樣葫蘆地為獨立後的肯雅政府所用，以鎮壓任何反對派。一方面，他們會以「非常」時期為名義，運用的「法外」（extralegal）手段，把人關押在隱蔽的地方，令他們失去法律的支援和保護；但一方面，有時也會把扣押過程作公開的搬演，成為一個展示權力的「秀」，目的是在公眾中間製造恐慌和對權力的敬畏。例如，恩古吉訴説自己被捕的時候，警察就做了一場「大龍鳳」，配備了機關槍和來福槍的守衛，深夜時分乘大車而來，亮著大燈及響著警號，要把所有鄰居都吵醒，為的只是抓一個文弱書生。他認為，這些動作都是一種「恐懼的儀式」（ritual of fear），逼人閉上嘴巴。

由黃之鋒、周庭、陳浩天……到譚文豪這個大抓捕的拼盤，我們所見的其實也是同一個儀式！

二十二年前那群在「臨時立法會」登台的未來建制精英，主理著如何把主權治權由英國人手上轉移到中國人手上，他們像搶救瀕危的珍藏一樣，把殖民年代的《緊急法》改了幾個字就保存下來，深恐失去了它們，將來特區的政府權力就會被削弱，也說明了他們也認為管治香港的有效方法，不離這種無邊無際的殖民暴力。

另一位對殖民法權問題的喀麥隆歷史學者阿席勒・艾穆班布（Achille Mbembe）就更在他的著作《論後殖民地》（*On the Postcolony*）一書，定義何謂「殖民主權」（colonial sovereignty）。他說，所謂殖民主權是建基於一種獨特的想像之上，他稱之為「誡律體制」（commandement），也就是把法律（law）與無法（lawlessness）結合起來。首先是暴力的征服成為法律的基礎，正當性是建立在力量之上而非傳統、同意或共同利益之上。殖民政體也就不是基於什麼「社會契約」。在征服之上所建立的一切政府、經濟或宗教組織則被稱為「文明」。殖民計劃於是被冠名為開發蠻夷的「文明使命」。

近代歐陸政治哲學的主權觀念，是由個人追求自由的自然權利發展出來的。但殖民地卻完全是另一回事，因為在殖民地上，首先是以土著是否習得服從和紀律來作為法治的前提，於是，在殖民地，維持紀律的法外暴力才是法治的真正基石。所以，對殖民地來說，所謂「緊急情況」其實一點也不「緊急」，因為殖民體制本身就是一個異於歐陸母國的「例外體制」（regime of exception）。

上述的後殖民研究者所說，其實可以引申到一個普遍的帝國主義法律理論之下，作為案例。事實上，中國人所講的「法」，更多地可以追索到「法家」那種結合治術與運用權謀的統治哲學。中國「以法治國」亦與歐陸本國的近代「法治」背道而馳。要他們結合所謂合法與無法、法外，以至非法的手段，使被統治者屈從、順服，演出要人「恐懼的儀式」，實在有千年傳承，駕輕就熟。因為，帝國的實質就是一再去重演殖民權力的戲碼，香港——自始至終，都是上演這種戲碼的舞台。

原刊於《明報》，二〇一九年九月一日

緊急法的要害是殖民統治

政府終於引用《緊急情況規例條例》（簡稱《緊急法》）推出《禁蒙面法》，意圖「止暴制亂」。不少評論都指出，這部《緊急法》是一九二二年一部由港英政府制訂，適用於殖民時期香港的法律，當時的目的是鎮壓海員罷工。不過，參考香港政治學研究鼻祖 Norman Miners 寫於一九九六年的一篇經典文章 "The Use and Abuse of Emergency Powers by the Hong Kong Government"，綜觀香港的殖民歷史，我們會知道其實自開埠之初，殖民政府早已依賴同等性質的緊急權力，以維繫它對香港的管治。一九二二年推出的這部《緊急法》其實只是把早期各種曾運用的緊急權力集其大成而已。

事實上，當一八四一年英國人佔據香港島的時候，並沒有能力在這個小島建立法治體系。一八四四年第二任港督戴維思（Davis）剛上任，立法局立即通過一條法案，授權港督會同行政局在緊急情況下在香港島實施戒嚴（亦即軍法統治）。然而，當英國殖民地部收到法案之後，認為不應把一般法律程序任意擱置，此案付予港督過大權力，亦違反英國憲法，於是拒絕了戒嚴令的申請。

殖民地《維持治安條例》

到了一八五六年第二次鴉片戰爭爆發，香港翌年亦發生了針對洋人的「毒麵包案」，[1] 但港英政府沒有再訴諸戒嚴令，而是在立法局通過一條《維持治安條例》，給予「巡守人員」（不一定是警員，也包括英國士兵、海員及其伙伴）幾近無限的權力，擊殺可疑的華人。英國殖民地部雖然在事後同意事態緊急，不予追究，但卻要求港府以後要事先得到英國政府同意才能繼續執行有關權力，並認為如果施行後仍未能恢復治安，則港府應宣佈實行戒嚴。這樣做是為免這樣一條法例成為恆常法律的一部分，破壞殖民地整體的法治。可見當時宗主國對派駐殖民地的官員肆意濫權充滿警覺。

1 一八五七年一月，有三、四百名洋人因吃了由「裕盛辦館」製造的麵包而中毒，被警方懷疑是一宗政治報復的陰謀，針對英國人以「亞羅號事件」為借口而入侵廣州，但其後有證據證明這次只是意外。

及至一八八四年中法戰爭期間，港督寶雲（Bowen）制定新的《維持治安條例》，以便拘捕任何懷疑帶有武器的華人，並禁止私自張貼中文標語等。在法例六個月屆滿期後，寶雲要求殖民地部同意把條例變成恆常法律。當時的殖民地部再沒有反對，並認為這是基於殖民地有需要以不同的原則來應付當地狀況。

例如，當時英國的《暴動法》規定太平紳士可以在現場命令群眾集會解散，參與者可以在一小時內散去，但按香港的《維持治安條例》群眾要即時散去，否則可被拘捕。而如果有人因此受傷、致殘、被殺，執行者並無罪責，反而得到補償。一九一一年辛亥革命期間，港督盧吉（Lugard）更在《維持治安條例》下增加笞刑的罰則。

一九一四年歐戰爆發，港督透過行使「樞密院令」（一八九六）使自己擁有大量非常權力，包括充公財產、徵召人員、控制物價等。戰後，港英政府並沒有放棄這等權力。一九二二年所頒佈的《緊急法》，其實只是上述歷代港督所擁有的「緊急權力」作一個集中的整理。

英國《緊急權力法》

事實上，在歐戰結束之後，英國回復法治秩序，但在一九二〇年也制訂了《緊急權力法》，規定英國政府可以用公佈規例的方式，在「緊急情況」出現時維持治安。不過，英國的《緊急權力法》亦同時規定，此等權力只能在政府宣佈了為期不超過一個月的「緊急狀態」下才能實施，而在此「緊急狀態」宣佈之後，五日內必須召開國會審議，而除非七日內兩院通過，否則法例無效。

可是，殖民地香港所實行的《緊急法》則無需事先宣佈香港進入「緊急狀態」，也沒有規定立法局要開會通過條例。（直至一九三七年才另有規定在「下一次」立法局會議上審議並通過條例，不過仍然沒有規定限期。）

一九二二年香港《緊急法》呈上英國殖民地部（當時由邱吉爾（Churchill）主管），曾經被官員質疑給予港督過大的權力，要求日後按此法所頒的條例，要事先徵得內政部同意。但最終這要求只變成一項提議，往後也從未被港英政府遵守。

二戰爆發，港督又按樞密院令擴大了不少非常權力。但在戰後，大部分這些「緊急權力」沒有隨戰爭結束而廢除。一九六二年一位殖民地部官員曾經寫道：「香港是除新加坡之外的地方，給予政府如斯大的（緊急）權力，但無需在事先宣佈緊急狀態。」

事實上，一般性地去討論政府在非常時期是否應該運用非常手段去處理，往往都流於理論空談。但從歷史角度看，我們可以知道英國乃是一法治之國，但法治在英帝國管治的殖民地上，往往只是例外而非常態。為了維持帝國的利益，及對殖民地土著的管治，英國在他擁有的殖民地上實施軍法統治，宣佈戒嚴令的情況實在是屢見不鮮。由愛爾蘭，到南非、印度、馬來亞、巴勒斯坦和香港，殖民主義者並不會制止自己放下「法治」，依靠暴力的慾望，目的不外是維持帝國領土的統一和完整。

只是，英帝國的文化既愛法律，亦愛權力，於是由十九世紀開始，赤裸裸地廢止法治而換上軍法管治並不體面，亦不有效，取而代之的是另一途徑，即以「緊急權力」來重新包裝暴力，這些「緊急權力」源出自各種形式的「緊急條例」，用行政理性的語言把暴力部門化、技術化，其功能就是去為殖民統治找尋表面的正當性。

透過把社會不安定性為法律問題，迴避了殖民主義的政治問題。它給予理由，讓殖民權力的擁有者打壓反抗殖民統治的人，把那些土著污名為危害公共秩序的「罪犯」，挑動人們對土著反叛的恐懼，把反抗的行動描黑為「野蠻」、「不負責任」、土著還沒有能力「自治」（self-government）的證據。土著反抗往往訴諸民族主義，而殖民者則不斷去描黑這些民族主義為法西斯主義，及後在冷戰時期則指責為共產主義。透過一套「緊急情況需要緊急權力」的修辭，殖民統治所訴諸的「文明使命」給改寫為「訓育土著接受法治」。

這些不用宣佈「緊急狀態」的「緊急權力」亦因此沒有時效上的限制，無始亦無終，甚至變成殖民地上法律秩序（常用或備用）的一部分。在「宗主國」（或所謂正常的法治國家）按「國家理由」而訂定的「緊急權力」是（或理應是）受到充分制衡的，但在殖民地，「緊急權力」卻是服膺於殖民統治的需要，並沒有有效的制衡，亦往往由臨時而慢慢變成永久。

香港法治的雙面性質

香港的軍法統治及緊急權力如何被運用的百年殖民史，使我們了解香港法治的雙面性質，以及宗主國與殖民地在地統治之間所產生的張力。審視這段歷史使我們看見，殖民權力如何由一種應付臨時情況的權力，變成當權者擁有的「恆久卻例外」的權力，也讓我們看見，任意濫用的「緊急權力」是如何包裝在法治的外衣底下，以法律的形式給凝固起來。一九二二年所出現的《緊急情況規例條例》就是香港殖民情況的產物，「背離」了宗主國在一九二〇年所立的《緊急權力法》（雖然兩者都是面對第一次大戰結束，需要回歸法治的背景），但亦活靈活現地刻鑄並見證著那種（常態—例外）殖民關係。

這條為殖民者服務快近一百年的法例，如今又再復活，深刻地說明了香港自始至終都是一塊殖民地。更要命的是，新的宗主國所言的「法治」，更非要去制衡地方官員，反而是嫌其不夠專橫，不夠猛暴。所以，「緊急法」的要害，不在其禁止市民蒙面，而是這由舊變新，縈繞不散的殖民統治。

原刊於《明報》，二〇一九年十月十三日

中史為鏡，誰人能知興替？

二〇一七年，教育局推出修訂中史科課程第二階段諮詢稿，各方又再次掀起對中史教育和中史科的爭論。筆者強調爭論是「再次」，因為這些爭論幾十年來都沒有停止過。只是因為近年來社會泛起有好些年青人拒絕「中國身份」的現象，中史教育無可避免地又成為戰場。

特首林鄭月娥多次聲言要將初中中史科列為必修科，以加強年輕人對國家的認識和國民身份認同。建制派也不斷把青年中國認同的流失，歸咎於中史教育的失敗。一犬吠日，百犬吠聲，把中史科「獨立成科」、「列為必修」就好像成了能治青年分離主義思潮病的解藥。

例如，《人民日報》在二〇一六年十一月十二日海外版就有一篇文章[1]寫道：「回歸後從二〇〇〇年起取消了回歸前中國歷史作為必修科的地位⋯⋯到二〇〇九年課程改革大幅削

1 〈港生必須學習中國歷史〉，《人民日報》海外版，二〇一六年十一月十二日。

減選修科目後，中史科竟然無人問津，導致新一代因不知歷史而對國家產生誤解甚至抗拒」，導致「港獨」思潮的冒起——真是「該當何罪」？但事實上，回歸之前中史科從來沒有被列為必修科，雖然中史獨立成科的確是殖民地時期所「成就」的一項「傳統」。這項「傳統」其實也沒有因為教改而被放棄，因為據教署資料，香港有九成多的學校，其實目前仍然以獨立一科的方式在初中教授。

戰後中史，培養文化中國認同

之所以有這種「外行」言論充斥大陸的官媒，除了是一些人研究港情的水平低之外，就是一種廣泛存在的迷思，認為「中國歷史教育」這項塑造身份認同的利器，必然是被某些外力「盜取」了，所以才有中國認同在香港青年中間流失的「病象」。這種迷思，往往又與所謂「人心未回歸」、「香港仍要去殖民」等論斷有關。

可是，如果對香港中史教育說三道四者，可以先仔細閱讀一下簡麗芳《一九四五年以來的香港中史課程》一書，或者涉獵一下香港教育史學家 Edward Vickers 和離開了香港的前教院院長莫禮時等人的研究都會知道，自戰後以來的中史教育，一直都起著鞏固香港「中國認同」的作用——只是這種認同是一種「非政治化」的「文化中國」認同，而非今時今日京城想在香港建立的「政治中國認同」。

這種以文化認同為本的中史教育脫胎於當年南來香港的新儒家，例如錢穆，再經孫國棟等人奠下基礎。按簡麗芳的歸納，這個香港中史教育傳統的特色有三。一、中國歷史乃一以編年史敘述的連續整體；二、傳遞「廿四史」所載的正統歷史觀念，評價朝代政治得失；三、以漢人為中心的文化觀和夷夏之別。而歷史教育的目的是「道德教化」。

這套「以歷史作為文化體現，以文化來定義『中國』」的中史教育傳統，是基於錢穆等人所深信的中國觀。這些新儒學者認為，民族和國家只是為文化而存在，中國自古以來並沒有民族主義，也不以民族界線或者國家疆域為人文演進之終極理想。他們更相信，文化上的「道統」更高於「政統」，所以歷史教育並不為哪一個政權服務。

二戰之前，香港雖然是英國殖民地，但英國並沒有高壓的文化帝國主義政策，以英國文化同化香港人。相反地，英國容讓文化及教育由此地中國人自行發展。香港學校的中史教育也是追隨當時國民政府的政策。可是，戰爭中共產黨和國民黨雙方利用學校宣傳民族主義的政治信念和仇外意識，令港英當局深感不安。遂於一九五三年在教育司署設立課程暨課本委員會，下設中文科目委員會。委員會的報告認為，高中的教科書傳達了視中國為古代唯一帝國的天下觀，中國是世界中心的中國觀，課程過分政治化，不符理想的教育理念。中國的歷史教育一直透過教科書的仇外論述培養學生的愛國情緒、極端民族主義及種族主義。建議教育司署監管歷史科的課程和課本。

其後教育司署頒佈了中史教科書的編寫指引，規定教科書應以「沒有政治偏見的本地角度」編寫，重點應在社會文化史、民族史和經濟史，不在政治史，不應冗贅敘事，不能加入仇外情緒，政府應主導、促進及審查本地歷史教科書的編寫。

而當時一些自大陸南來的歷史學者，抱持前面所提的這套「文化中國」信念，小心翼翼地按殖民政府訂下的指引參與編寫中史教材，令得在二戰之後深感民族主義、反殖運動所威脅的港英殖民政府，放心讓他們主導中史教育在香港的發展，因為這種中史教育既能維護香港作為文化族群的「中國人」身份，卻又不會把這種身份變作政治民族主義者的工具。

共謀殖民主義下的中史教育

香港的教育史研究者，例如 Edward Vickers 等就用「共謀殖民主義」（collaborative colonialism）的概念去描述這種宣揚中國民族認同的中史教育，如何可以在英國人管治的殖民地上發展，完成一種殖民體制和本地（中國）知識精英之間的合作。

筆者認為，這其實也是一種「間接管治」、「殖民傳統主義」的一種延伸。不過，這並不意味這種淡化政治色彩，不為任何一個「中國」現政權服務的中史教育，就僅僅是殖民者的工具，因為它畢竟是殖民地上「民族」意義下「中國」身份得以在教育體制內延續的策略空間。它既有論者所比評的抽離於具體現實（decontextualized）之弊，而王朝治亂興衰的刻板公式，知識含量過重，令學生每每感覺沉悶之外，香港的中史教育者始終都有一種通過人物和事件，把道德批判的使命感貫串其中的傳統，不為任何意識形態所左右。

在冷戰歲月和殖民地的時代，抽離本地現實中史教育一方面有空談誤國，耽溺於懷緬抽象故國的消極一面。七十年代左傾激進的香港學界，往往咎病這種「離地」的進路。可是，「回歸」之後，「離地」的中史教育聽來已見得有點奢侈，因為「現實」已不可能隔阻，知識傳授再不可以抽離社會。一方面是激盪的社會風雲，課堂與社會的距離愈拉愈近，另一方面，有形之手早已急不及待，要打破殖民地時期那種妥協而來的「非政治」空間。中史要為明確的政治目標服務的呼聲高揚，楚歌四面。

當下所謂中史科的改革，以建立「國民身份認同」為主要任務，這裡講的「國民」很難只是滿足於以「文化民族」意義上的「中國人」認同。因為天朝黨國，已經令超越政權國家，悠悠久大的文化天下中國觀無處立足。

不過，要成功以黨國課程取代扎根不淺的傳統香港中史教育也並不是一件容易的事，因為司馬昭之心路人皆見，絕非寫過一份課程綱要就可以達至。如果短期全面改換歷史教育的系統不容易做到的話，「國民身份認同」仍然只能依賴抽象、離地，甚至「非政治化」的文化認同工程以抵禦離心力的擴散，那麼中史教育似乎並不那麼「好使好用」。因為有針砭時弊（副）作用的政治史分量不少，可以有助軟銷文化認同的文化史則不夠。

中共希望學生「能知興替」？

當年殖民政府明明指引中也懂得中史重點應在社會文化史、民族史和經濟史，不在政治史，今次中史課綱修改的一大方向，也是以內容太艱深為借口，壓縮政治，加強「文化」——好個英雄所見略同，回歸前和後都一樣，他們都認為，對香港人最「好」的中史教育還是「非政治化」。

所以，無論你多討厭公式化地背誦治亂興衰的公式，但正如唐太宗李世民所言：「以銅為鏡，可以正衣冠，以史為鏡，可以知興替。」一個永不準備下台的政權，又怎會真的希望他的臣民有此等「能知興替」的歷史智慧。

原刊於《明報》，二〇一七年十一月二十六日

我城・回憶

讓歷史消失的文化

今年（二〇一七）是六七暴動五十周年。就著羅恩惠所拍攝的《消失的檔案》在社區巡迴放映，得以在市民間引起關注，也勾起了不少人的集體回憶。雖然這些回憶的內容並不一樣，甚而有時有所爭議，但它的確為欠缺歷史教育的香港人，補上寶貴的一課。筆者參加過不止一次的放映場合，觀眾既有曾經親身經歷六七暴動的一代人，也有太年輕而對這段歷史一無所知的年青人。

對前者來說，六七暴動可能是一段遺忘了的經驗，也可能就是久未審視過的疤痕。對後者來說，六七暴動猶如一則傳說，一個故事。只是大多數比較年青的人，除了少數可能透過網上一些片段影像對六七有種模糊印象之外，大都不知道整件事情的來龍去脈，也不知道這個故事原來就是發生在我們居住的這個城市的街頭巷尾，以致當年和這件事擦身而過的，就是平平凡凡的你、我、他。

自二〇〇六年清拆天星、皇后碼頭開始，人們琅琅上口的一個詞彙是「集體回憶」。大家也開始明白集體回憶對我們的集體身份的重要，可是，集體回憶並不只是對舊物的懷戀或不捨，或者情懷感覺的分享，因為集體回憶背後所指涉的其實是我們的歷史意識。如果缺乏了歷史意識，我們就什麼都不是。

不由自主，自我遺忘洗底

可是，香港人的歷史意識是殘缺不全、充滿漏洞和空白的。原因不純粹是過去殖民地時代政府不重視歷史教育，也不在於回歸中國之後香港史一直沒有獨立成一門課，更在於香港人的生活方式一直都存在「不肯正視歷史」的心態。香港文化研究的鼻祖、香港大學比較文學系的榮休教授阿巴斯（Ackbar Abbas）曾經以「消失的文化」（culture of disappearance）來說明香港在殖民前後的文化特色。他說的不是香港的人與事很容易消失，沒有耐久性，或者欠缺永恆的價值，也不是說香港的文化即將失去，而是說香港的文化特徵是人們往往對既存在的事物視而不見——雖然近在眼前，卻猶若消失。

不巧地，《消失的檔案》猶如阿巴斯理論觀察的最新註腳，它見證了一種「令歷史消失的文化」。香港有著這種「令歷史消失的文化」的其中一個重要原因，當然就是上面所說，人們對歷史的相對漠視，視而不見。也因為，香港大局不由自主。更改身份，更改效忠對象，改變思想政見是平常不過的事。遺忘和自我遺忘，「洗底」與不斷自我「洗底」，一時左傾，一時右傾；一時親英，一時親中；一時社會主義，一時資本主義……記憶負擔太重，不懂遮抹、隱藏自我，形勢變化之時又如何走位？

再者，記憶是要有物質條件的。正如《消失的檔案》的製作過程所揭露的，香港欠缺一套配合和方便歷史研究，以及鼓勵向歷史問責的的保護歷史檔案的法規，導致可供重大歷史問題研究的檔案，竟然可以大量消失。不過，更重要的原因恐怕是，香港歷史當中充滿著那些被刻意地遺忘，有意地被遮抹的段落。因此，就算我們有回憶的願望，有反思、整理我們自身的經歷的需要，建立我城的歷史意識，我們有時都不知道回憶什麼，也不知道如何回憶。

所以，《消失的檔案》這個片名特別令人感動的是，它不但指出了一個被遺忘中的問題：究竟六七年發生了什麼事？也點出了一個重要的質疑：遺忘六七為什麼會發生？

記憶與遺忘的鬥爭

正如捷克作家昆德拉（Kundera）所言：「人類對抗權力的鬥爭，就是記憶與遺忘的鬥爭」；而英國作家奧威爾（Orwell）也說過：「誰人能控制過去就能控制未來，誰能控制現在就能控制過去」，記憶與遺忘並不是歲月時光的效果，而是一場發生於任何一個「現存／當下」的永恆搏鬥。因此之故，遺忘從來都不是永遠的遺忘，而是等待著被重新改寫／重新篡改的機會。所以，如要在香港的歷史廢墟中重尋歷史自我，保護記憶，特別是民間、私密，非為權勢者歷史所統攝的記憶，是一項永遠都要進行的持久抗爭。

香港人第一次奮起保衛的歷史記憶是關於一九八九和六四。也因為保衛六四記憶的工作而世界知名。一直以來，香港人都沒有任何官方力量去為六四「定性」，但是明明白白的「六四鎮壓」，慢慢被淡化與漂白為「六四事件」，最後還被輕描淡寫為「六四風波」。這種記憶的篡改，為的是明顯的政治目的，它的手段就是重新命名、改寫，最後達致遺忘。

可是，六四是關於北方中國的，相對之下，香港人對自己的歷史記憶工作，又是不是做得太少了？六七暴動，明顯地是香港的一件歷史大事。可是，過去五十年來，真正專注於這件事的可參考材料，可說寥寥可數。直至近年張家偉、余汝信、江關生等著作和資料整理，我們才可以初步整理出一個輪廓，《消失的檔案》又為我們加添了按歷史嚴格求證精神來敘事的珍貴影像實錄。

「六七暴動」還是「反英抗暴」？

「六七暴動」本來就不是由共產黨一樣的機制去官賜的一個「正名」，而是一個普遍的共識，指的是它所涉及的暴力程度，對社會秩序的破壞幅度。而左派則泛稱「反英抗暴」，突出他們心中理解事件的態度，重點為「反英」。

「六七暴動」和「反英抗暴」是兩種平行的回憶方式，哪種正確，只有憑藉歷史證據和良心判斷，各不相涉，互不搭界。可是，最近的六七回憶，又有人刻意地將其衝突淡化，同一種篡改記憶的姿態和動作又再浮現。明明白白是在斟酌歷史是非，又何勞改名為「六七事件」？若要來下一步改成「六七風波」，那歷史功罪，是非對錯，是否又能真正改變？

事實上，作為一個歷史的傷口，六七暴動是難以「正名」的，原因就是中共方面至今還未有公開解封直接與六七相關的人、事、組織和部門的相關檔案。六七暴動前後各有關政治人物的政治責任還沒有坦坦白白搞清楚，所謂「正名」都只是自欺欺人。所謂要在「暴動」和「抗暴」之外，以中性的「事件」之名來含混過關的做法，根本就是徒勞無功的掩耳盜鈴，也是一種將歷史真相無限地相對化的歷史虛無主義，歸根結柢只是一種小動作，塗抹的意圖也太著跡。

不過，今時今日，討論和六七相關的問題是很有必要的，特別是當香港新一代也因為過去幾年所遇到的挫折而萌生出「革命」的念頭，也的確發生了二〇一六年初的「魚蛋騷動」（一些參與者堅稱為「魚蛋革命」）。如果要比較兩者所持的政治主張和立場，「六七暴動」的參與者和二〇一六的「魚蛋『革命』」參與者自然是南轅北轍。可是，如果我們細緻的了解一下他們對暴力的態度，對「革命」必需要暴力，甚至「革命」中對無辜犧牲者的看法，你會發覺是何其驚人地一致。

梁天琦說：「年初一的衝突，是對抗暴政打壓的抗爭，至於當中有一些，我覺得是抗爭入面的沙石，是會波及到無辜，我可否就每個事件去評價呢？」

而最近向人大要求平反的吳亮星也說：「任何大型群眾運動，難免有枝枝節節……混亂之中有無人被無辜傷害，這個情況就要還原。」

「沙石論」和「枝節論」兩者共同分享的都是成王敗寇的「革命史觀」，雖然歷史上兩者其實都是失敗了。不過，今日的人大代表給後世的「革命訓示」似乎是：失敗了不要緊，「暴動」總是「有益」於社會進步。

六七暴動的失敗，帶來半個世紀香港左派的犬儒和抑鬱。沉湎在革命豪情卻遭受拋棄的，不但無法反思，只能以遮掩、遺忘、否定、偽裝……來迴避無法重建自我觀和世界觀的困境，等待再次被利用。

毛澤東在席捲全國的「革命」大潮下，統領江山。要解決什麼「反帝反殖」／「民族矛盾」可說只在彈指一揮之間，卻硬要留個小小香港「長期打算，充分利用」。讓小島上幾許「沙石英雄」／「枝節勇士」為這「民族矛盾」而含鬱半世，以「暴動有益論」來自我期許，證明自己還有「利用價值」，還可以伺機再利用他人……這也可說是毛式虛無主義革命偉業「利用」策略的最佳體現。

不讀毛澤東，不思港式左派，不去正視六七暴動的悲劇，何以談革命？

原刊於《明報》，二〇一七年五月十四日

尋找本土自我的六四

二〇一四年，六四二十五周年，香港維園燭光如海，出席人數再創新高，見證著我城人心不死。記憶對抗遺忘的鬥爭，香港人堅持了四分之一世紀，不單是世界人民反抗暴政歷史的大事，中國的大事，也是香港人的大事。

中共意欲剷除六四記憶，在大陸日見成效，如非通過香港這記憶寶庫，以及互聯網的流傳，這段歷史的創傷，可能快要湮沒為傳聞。這道理不難明白。然而，到了今時今日，香港人對六四的執著，已經不再單是中國人的中國事，而是香港建立本土認同、本土歸屬中不可缺少的一環。這道理仍然需要辯明。

回想六四二十周年，出席維園集會人數創了當時的新高，在維園驟見大量年輕一代的新面孔。在一些討論場合，筆者亦提出過六四悼念要更為突出六四的本土意義。目的既在縫合代際經驗的差距，也在將六四與本土經驗更緊密地扣連。

本土認同毋須忘掉六四

五年以來，香港政治風雲激盪，本土認同愈趨高漲，對舊的民主運動路線亦多有不滿，以至這兩年更興起一股務求要以「放下六四」，或者在維園集會傳統外另建六四悼念方式的主張。在這些香港人應如何處理六四的論辯當中，隱含著一種反傳統的論述，以為香港人愈放下六四，維園集會愈冷清，香港人追求本土認同的意志才愈見堅定。忘掉中國、忘掉六四，以中國為他者，方能推進本土運動，云云。

今年（二〇一四）維園十八萬如海的燭光，我想正是對上述問題一個清晰的回答。也就是，雖然有這一股拉扯著的中國認同 vs 本土認同的爭議濃罩著，但對大部分香港人悼念六四的熱情，並無顯著的影響。可見，所謂維園悼念六四代表一種有礙建立本土認同的「中國結」的說法，並無多少說服力。

事實上，「八九民運」、「六四屠殺」、與二十五年來香港人「堅持拒絕遺忘六四」這幾件事，好像是同一件事，但其實我們可以分開處理。支聯會悼念六四集中於「六四屠殺」，但如果真要落實「六四」的本土化，我們要正視的不單是「追究屠城責任」，也不僅是「傳承八九民運精神」，而在於反思香港人「堅持拒絕遺忘六四」二十五年的切身和在地的意義。

對於親歷八九年民主運動的一代來說，悼念六四往往意味悼念當年為爭取民主而犧牲的民運人士，思念的是那些年的那些日子。但對沒有親歷八九那些事變的年輕一代來說，六四也未曾遠離，因為關於六四的記憶與遺忘，一直以來都是香港政治生活和道德教育一個不能不面對的現實。

那些年是一個重大的道德覺醒的時刻，也是香港人從殖民主義造就的去政治化蒙昧狀態猛然夢醒的時刻。那是香港人集體地喚發出身上政治主體力量的時刻。如果將這種主體經驗簡化為一種中國民族主義的召喚，或者一種「中國情結」的殘留，均是一種粗暴的歷史化約。

事實上，當年由支援北京民運到六四鎮壓後的幾年間，香港政治思潮十分激盪，自發的支援民運行動，遍地開花，絕大部分這些自發行動，要不是在支聯會成立之前就已發生，就是獨立自發，不在支聯會的組織底下。何況當年正值蘇聯東歐陣營迅速瓦解，很多人那時候都預期中共在暴政之下也撐不了多久，很多人都熱切期待一個後冷戰、後意識形態的新世界到來。於是各種思潮百花齊放，小型自發組織如雨後春筍。這些小組織對支聯會既有批判，亦有認同。雖然那年頭中國認同、同胞之情等論述大行其道，但民族主義卻一樣被強烈批判、反思，以至嘲弄，一反八十年代之前大部分人都視民族主義為理所當然的狀態。可是這些事跡，今人卻大多已遭遺忘掉。

所以，悼念六四如果要強化它的本土意義，這段漸漸被湮沒遺忘的八、九十年代本土歷史，應該被重新發掘與整理。否則，我們在拒絕遺忘中國大陸發生的六四的同時，我們卻可能在遺忘六四對我們「香港人」自身的經驗和意義。

事實上，八九／六四作為一個喚發香港人政治主體能力的黃金時刻，不單意味萬千個體是在獨立地思考，也在獨立地感覺。所以，與其說在維園點起燭光的人，都會受主辦者支聯會的意識形態影響，不如說，每個進入維園的人，都帶著他與她大量的私人六四體驗。這些男男女女所悼念和回憶的，也不只是對死難者命運的哀傷，對「國運」的關懷，而是包括了個人在這許多年來對自身命運的感傷，以至對時代變幻的嘆謂。這些私人記憶雖然私密，但它們卻正好默默地抗衡著意識形態的囂鬧或操控。如何從這些私人回憶，重新整理後八九香港人的道德實踐和社會實踐的整體圖像，也是香港社會史上一個未被認真開拓的領域。

六四：道德共同體的起點

香港人從來抗拒受明目張膽的意識形態所擺佈，這是香港人保存「自我」的本能。但這不代表香港人只會按短期私人利益而行事，相反地，香港人往往在默默之中追求超越一己之私的道德實踐。六四是一場巨大的道德動員，屠殺的挫折在每個人身上留下的是六四創傷的集體回憶。那是一種超越意識形態的倖存者的情懷，一種不容踐踏低貶的內在經驗。而恰好是這種內在性和超越性，他們入維園的目的，就簡單地想追尋的那種身處燭光之海，感受那股與其他人連成一氣，以正義訴求、道德底線為共同點的那種感覺——也就是一種同屬於一個「道德共同體」（moral community）的感覺。

我以為，那種道德共同體的感覺，最能夠將香港特殊身份和主體感覺完整地標示出來。

如果以為六四悼念都只是一些空洞的儀式，參與的人只是消費一些無力的悲情，那正正顯示出有些論者並不明白集體道德體驗，和對這種體驗的反覆敘述和演練，正是一個群體形塑其集體意識和集體認同的秘密。不過，這個所謂「秘密」其實早由專研族群及宗教問題的社會學大師涂爾幹（Durkheim）在一百多年前就講過。

這些年來，本地政治論述出現了一種「去道德化」的所謂「現實政治」論述。作為一種謀士的思想，這些說法或者可以加強一下政治思考的策略意識。可是，這些所謂關注「現實」的思維卻又往往以社群的歸屬感和身份認同為策略的對象，以族群為操作工具，亦以利益定位來界定族群。

可是，族群認同的政治，僅僅就是誰的利益優先的問題嗎？

女性主義及國族問題研究的知名學者 Yuval-Davis 在她的著作 *The Politics of Belonging*（《歸屬的政治》）中，就區分了歸屬和身份政治研究中三個容易混淆的面向。其一是「公民權責」（citizenship）（「有什麼特徵的人才有資格享用我群的某種權利、利益？」）；其二是（主觀或）「情感的投放」（「我從哪裡來？何處是我家？」）；其三是（政治或）「倫理價值的評鑑」（「誰與我分享同一的是非標準？」）。

從公民權責的角度，身份的政治會辯論是否「只有土生土長，三代居港的才是香港人」；從情感投放的角度，會檢視「體育比賽中你除了為香港隊打氣，還會否為中國隊打氣」；而從倫理價值的角度，則會審視以「誰刻意混淆六四是非，就是非我族類」作為劃分「我群」的界線。

道德體驗把我們黏合在一起

「我們」不可能沒有關於誰有什麼權利，誰有什麼責任的紛爭。紛爭中亦不可能沒有給排除在外的「他者」。然而，當「我們」在指認出各式威脅我們利益的「他者」的同時，「我們」中間還是欠缺最為關鍵的東西，那就是把「我們」聯成一體的那種神聖而又強大的黏合力量。

除卻那些可以在我們中間產生巨大共鳴的歷史傳統、集體回憶、道德體驗和生命印記，我們還可以在哪裡找到這黏合我們在一起的力量？

香港本來就是一個難民與移民組成的社會，我們先天的特徵就是雜異多元，而且互相充滿對抗與仇視。究竟是什麼過程，令這在歷史上充滿宗族、地域、意識形態分歧和對立的異質社會，共同建立出一種休戚與共、同氣連枝的城市共同體感覺？答案不外乎歷史上我們累積了幾十年，為追求共同生活標準的公民實踐，與我們共享的公民道德價值觀。

是這些肉身的道德經驗令我們動容，令我們分享，令我們自豪，更令我們可以頂天立地，不愧於「香港人」之名。六四燭光，又豈能從這我群我族的自我敘事中缺席？

原刊於《明報》，二〇一四年六月十五日

為了帝國的去殖民化

最近（二〇一五）中聯辦及靠近中央的一眾大員、學者，在香港掀起連番爭議性的話題。由張曉明的香港「三權不分立」論，到強世功、陳佐洱等的「去殖民化」論，引來不少反響。這些「出格」的言論看似來勢洶洶，咄咄逼人，但是空氣中交鋒一兩回合，敢問究竟北京對港是否有新的政策、新的鬥爭目標時，卻又見老調重彈，新瓶舊酒。

所謂特首「地位超然」之說，為的不外乎一種良好的自我感覺，連英國駐港領事也忍不住要在自己的臉書曲線嘲弄；而所謂香港要「去殖民化」的說法，背後還是跳不出愛國歷史教育、完成二十三條立法等早已老掉牙的問題。

陳佐洱主理香港事務那麼多年，如果說今天香港原來還有「去殖民化」這個重大政治任務還未開始、尚未完成的話，首先要問責的其實正是他老人家，難道他屆此退休年之年還想給自己找麻煩，開自己玩笑？

事實上，陳佐洱應該比誰都清楚「殖民地」三個字是整個香港問題最敏感，最不能碰的部分——用英諺來描述就是「房中的那隻大象」(elephant in the room)。無論是九七之前還是九七之後，誰要認真地在香港搞「去殖民化」，就要揭開歷史的傷口，把眾人「衣櫃中的骷髏頭」暴露在陽光底下。首當其衝的其實不是民主派、反對派，而是建制派。

反殖分子不敢輕言去殖

先莫說所謂建制陣營之所以能夠形成，主要原因是因為中共在回歸前後，處處保護和延續這批「殖民餘孽」在殖民時代所享有的特權和地位，就是那一批曾經有過貨真價實「反殖業績」的「老左派」，也早已跟隨永遠英明偉大的黨中央的指示，收起六七「反英抗暴」時期高舉的「反殖」大旗，改頭換面，「重新做人」。

這些「老左派」當年就是因為追趕「文化大革命」掀起的一時「極左」狂熱，違背一向在香港低調發展、廣交朋友，配合中央對香港「充分打算、長期利用」的方針，反而為了急於「去殖民化」而毀掉了大半生。今天又再來一個「去殖民化」，究竟是供奉還是嘲弄？難怪出身純正、根正苗紅的本地左派領袖曾鈺成也急於直言所謂「去殖民化」的言論與中央立場無關，更毫不留情地指出陳佐洱是過氣高官，目前並無香港事務公職。言下之意就是要及早劃清界線。

這就構成一個香港現實中一幅怪異的圖景：那些身先士卒，曾為終結香港殖民地狀態，真的拋過頭顱、灑過熱血的反殖分子不敢輕言「去殖」，倒是來自北京的青年教授，對香港的「去殖」卻是情有獨鍾，為香港的「去殖民化」打造洋洋灑灑的一套大論述。

帝師視角品評帝國技藝

為了緊貼這套京人「去殖」論的思路，筆者把擱在書架上多年的強世功論著《中國香港：文化與政治的視野》重讀一遍，發覺十分有趣。

書中打響頭炮的第一章，討論金耀基知名的「行政吸納政治」理論，[1]直指金氏此說雖然捕捉了港英體制的運作特質，但卻以「行政」之名掩蓋了香港「殖民政治」的本質，然後

1 意指政府透過委任部分民間專才或政治精英，吸納到政府的諮詢組織，減少政治衝突的出現。

對英國的殖民統治品評一番。他認為金耀基把殖民政治的政治性質（由誰統治）的問題中立化地描述為「行政」，也由之而抹煞了六七「反英抗暴」的反殖民意義。為了突顯金氏論述對「殖民統治」的淡化處理，作者竟然援引了托派作者吳仲賢（筆名毛蘭友）激進的反殖言論。[2]（很有可能，作者並不了解當時香港的親中左派對托派的反殖論是如何忌憚。）

平情而論，強世功對金耀基的批判並不為過，筆者也曾經把金耀基的「行政吸納政治」論聯繫上劉兆佳一系列的其他分析，指出它們同屬於英國「晚期殖民主義」階段，為了光榮撤退而把殖民主義進行「管理主義式改造」的論述。這些論述的目的自然要將殖民主義中性化、行政化。不過，當強世功要還原這體制的「殖民政治」性質時，他要爭奪的其實是誰是香港行使統治力量的主權者，而不是這套殖民治術有什麼非要解拆、推翻的問題。

恰好相反，當作者在下一章哀嘆當年「反英抗暴」中的左派是如何遭到慘痛的失敗，甚至無奈地要接受「團結一致向前看」而陷入歷史的失語、「無言的幽怨」之後，他並沒有沿著他「去殖民化」的思路，試圖為這些歷史犧牲者重新尋求正義，探索後殖民、後帝國的可能性，反而是在往後幾章站在坐擁天下的王者／主權者的視角，以欣賞的角度去品評英國人的「帝國的技藝」，讚頌它們如何聰明、有效。甚至揚言謂：「在這方面，我們確實要向當年

的大英帝國學習。就此而言，要實現真正的大國崛起還有很長的路要走。」（頁六十八）

「去殖」是為了帝國輪替

很顯然，這種「去殖民」的方向，並不是為終結殖民、終結帝國而立論，反而是為了帝國的輪替、帝國的取代。事實上，強世功的思路，正是當今中國知識界天朝主義的濫觴。他們不再追求共產黨人過去信奉的全人類解放、剝削的終結、階級的終結，也不把眼光放在追求民族國家的獨立、自主，他們甚至認為民族主義是過時甚至是有害，因為他們認為「民族國家」只是西方近代的發明，真正要追求的是另一種非西方主導的普世文明、建立另一種「帝國」，以抗衡西方的帝國主義。

2 強世功引用了毛蘭友（吳仲賢）的這段話：「殖民者不免豢養一小撮出賣人民權益、甘心幫凶的所謂『高等華人』。在一般市民的眼光中，他們在政治上社會上的地位，無疑是『高人一等』。可是，如果以實際的政治力量而言，卻是微不足道的，他們中除了小部分可以再用來點綴『殖民地式民主』、討論市政中最枝節的問題外，大體上都是殖民者的順民兼應聲蟲而已。」出自《七〇年代》，一九七三年八月。

他們認為共產黨人領導了革命，其實只是不自覺地實現了中華文明復興的使命。為平等社會主義理想折騰了幾十年的中國社會，只是不覺意地完成了「帝國建設」的早期工作。與其說共產主義已經失去了它的信仰和合法性基礎，他們寧可鼓其如簧之舌去辯說，共產黨有比階級鬥爭、取消私有制等馬克思主義使命更高遠偉大的「天命」，只有這種「天命」才是真正的授權，而不是狹義的西方式議會民主選舉。

如此這般，這派「天朝學人」就可以把文明、天下、帝國、去殖、革命、民族、共產、國家這些概念自由組合，重新打造適合新時代天朝政治的意識形態。在狠狠批評帝國、殖民之後，又公然展露他們對帝國技藝的羨慕與崇拜。

他們對理論和概念自由拆解的迷戀和能力，有時也會令自己忘其所以，例如強世功在書中力圖挖掘被金耀基掩埋的香港殖民統治性質，但過了幾頁，讀者又可以看到他是如何否定香港的殖民性質，並且說道：「英國佔領香港從一開始就不是為了殖民，而是為了商業貿易和經濟利益……由於英國佔領香港的目的不是殖民，加之英國人認識到香港與內地是在種族和文化上融為一體，難以殖民。」與此同時，他又會在另外的章節大力讚賞中國外長黃華當年在聯合國要求把香港從「殖民地」名單中除名的演講，認為他堅持「解決香港、澳門問題完全是屬於中國主權範圍內的問題，根本不屬於通常的所謂『殖民地』範疇」的說法充滿智慧。

究竟為什麼一個「一開始就不是為了殖民」的殖民地的「去殖民化」問題，不在九七（還在掛米字旗）之前提出，付諸方案逐步落實，但在九七後的五星旗下，卻又要翻舊帳又來個「去殖民化」，是否說明強世功也同意「歷史不能忘記」？

可是，當你翻開他談及只剩下「無言的幽怨」的反殖左派，應如何面對失語的痛苦的篇章時，你會看到他寫道：

> 心靈的和解，人心的回歸，需要時間、耐心、理解和寬容……時間才是最大、最有力量的政治。在這個意義上，**政治乃是一門遺忘的藝術**。許多問題隨時間推移而消逝，不一定是問題被解決了，而可能是被遺忘了。以至於在香港回歸十年之際，很少有人提到香港的「去殖民」問題（我只見到馬家輝群在《明報》上撰文談及這個主題），更沒有人提及六七反英抗議運動。（頁三十八）

這本書出版於二〇〇八年，今年是二〇一五年。香港的政治果真在倒退之中，這些高官大教授竟然都忘了「政治是遺忘的藝術」。但香港人也要多謝陳佐洱、強世功、張曉明等吹皺一池春水，把我們從夢中叫醒：香港原來還未「去殖民化」！

原刊於《明報》，二〇一五年九月二十七日

戀殖意識的二重奏

清華大學法學院院長、新任中聯辦法律部部長王振民日前在《紫荊》雜誌發表文章，談論香港的「深層次問題」，一口氣列舉了四大要點，包括「資本主義與追求福利社會」的矛盾、「內地與香港」的矛盾、「保守與激進」的衝突、「全面落實《基本法》」的問題。

雖然文章在香港沒有引起多少討論，但立法會主席曾鈺成卻在其報章專欄，連續四篇文章對王振民的觀點提出針鋒相對的反駁，令人眼前一亮。

針對王振民所謂「民主普選的本質就是要對財富進行再次分配」，「不能把香港變成福利社會主義，更不能變成『共產主義』」的主張，曾鈺成提醒王振民「香港政府對財富進行二次分配的輕微程度，令美國傳統基金會把香港評為全球最自由的經濟體；在發達的國家和地區中，香港的貧富懸殊程度仍高踞榜首」。

針對王振民香港「無論在過去、現在和未來均不可能獨立於自己的祖國去發展」，曾鈺成則直指，香港「在回歸前，特別在中國實行改革開放之前，香港實際上是『獨立於』中國其他地方」。也就是說，「香港從不曾獨立於中國發展」只是一種自我陶醉的謊言。

王振民謂「個別人士一直沒有真心實意把自己當成中國的一部分」，曾鈺成則以李波事件為例，直指「內地對民主、自由、人權、法治等的理解，跟大部分港人的價值觀念有很大落差」。

就內容而言，曾鈺成上述這些論點都是老生常談，沒有特別令人驚喜的新意，然而出自香港親中建制最大黨民建聯的創黨元老，兼（時任）立法會的主席之口，又的確令人耳目一新。

京官毫不掩飾的戀殖情結

王振民剛剛接任中聯辦高職，文章官腔滿紙自不稀奇。然而曾鈺成卻十分認真，條分縷析，直斥其非。似乎想要給這位尚算年輕的南下幹部搞清楚一下，香港與北京認識之間的落差究竟有多大。這種落差不單存在於反對派和中共當權者之間，也一樣存在於京官和「土共」開明人士之間。

不過，最令人訝異的是，曾鈺成竟然直指王振民「戀殖」。王振民在文章中抱怨「香港變得愈來愈不像香港」的原話是這樣的：

香港回歸前沿襲了英國的政治保守主義，法治健全，文明理性，講規則，講規矩，講程序，不激進，少暴力，居民安居樂業，社會和諧穩定。香港給人的印象很紳士，很傳統，很保守，很文明。但是令人遺憾的是，這些年來，這種保守主義政治哲學、漸進改良的政治取態被不斷拋棄。

曾鈺成不單說他對王振民的這番表述感到「出人意表」，他更說「很難猜到這些滲透著戀殖意識的話，是出自一位中國的法律學者、『一國兩制』研究專家」。細心的讀者很容易讀出曾鈺成筆下的確流露出心中一股不平之氣。

事實上，一直以來，北京對港統戰以籠絡資產階級為主，王振民定義民主普選為邁向福利國家，甚至招來共產主義、危害資產階級利益的推論，在馬列毛的理論中均無所據。歸根結柢，這種為了封殺民主普選而打造出來的階級復仇恐懼症，其實只是香港殖民買辦資產階級為了維護自身階級特權而向北京撒嬌的回音。

北京在過去要消滅這種「恐共意識」，不斷扮演資產階級的「恩主」（patron），以維護這些人的特權來換取他們的忠誠，這早已是公開的秘密。不過，當年真誠相信共產主義理想的曾鈺成也未必能預想得到，今天京官來港反而是要提醒香港不要忘記「恐共意識」，意謂千萬不要讓人們透過民主普選去實現共產主義。

共產黨人為恐共意識打氣加油——這就是香港式的荒謬。

過去，中共一方面為了統戰資產階級而實行反對民主普選的政策，但另一方面還是要借用起家於工人運動的土共去撐起階級聯盟的假象。一頂愛國大過天的帽子就把階級矛盾抹煞得一乾二淨。然而，如何才是愛國？除了緊跟中共之外，香港的土共社群就只有以過去他們在殖民地下的鬥爭乃正義事業而自我安慰。

可是，今日這位新晉京官竟然說「香港變得愈來愈不像香港」的原因，是失去了英國政治保守主義的傳統。他說：「如果懷念英國的統治，為什麼不繼承英國主流的保守主義政治哲學，不認真學習繼承英國的政治文化傳統？」

換句話說，今日共產黨不僅要來香港動員「恐共意識」，還要向英國殖民主義、政治保守主義的祖墳進香供奉，樹幡招魂。對於曾鈺成這輩老反殖、老愛國，當年也曾激進地受中共感召，因「打倒白皮豬」[1]而坐過牢、流過血的「左派群眾」來說，又是情何以堪？

香港要繼承英國政治文化傳統？

今日香港的街頭上，屢見青年揮舞英屬香港旗幟，而中聯辦內，卻有京官大講要「繼承英國主流的保守主義政治哲學，認真學習繼承英國的政治文化傳統」。這種雙重而又平行並置的「戀殖情結」，想任何後殖民理論專家都無法解釋。難怪曾鈺成都說「難以想像，難以猜到」。

不過，如果讀者沒有參閱王振民刊在《紫荊》的原文，也未能真的想像這位年輕京官，為了強化這種英國政治保守主義乃優良傳統的論據，可以去得幾盡。曾鈺成文章也未有詳加討論的一段，王振民是這樣寫的：

1 「白皮豬」是當年的愛國左派對白人警司的蔑稱。

> 為什麼中國五千年歷史中發生了六千多次戰爭？就是因為中國人不喜歡保守，中國政治文化、政治哲學歷來缺乏保守主義傳統，凡事容易衝動，走極端。……相反，香港這麼一個中國唯一有濃厚法治主義和保守主義傳統的地方卻反其道而行之，不斷放棄自己付出巨大代價、來之不易的保守主義政治傳統，重拾偏激的政治習慣，實在令人痛心。

中國過去一百年，有什麼衝動和極端得像連綿不絕的革命和戰爭，當中最極端和激進的無疑是共產黨人奉為圭臬的馬列毛共產主義思想。可是，在憲法還寫著堅持馬列毛思想的同時，王振民卻一腦子把極端、激進主義的罪孽，都算到中國傳統政治文化頭上，並論定中國人不喜歡保守，缺乏保守主義傳統。

如果說王振民錯讀了五四運動、中西文化論戰的歷史，更沒有讀過唐君毅、牟宗三新儒學的中國文化保守主義，那可能還是未有充足證據，但他深情地愛慕這城市的殖民地遺產，那份「來之不易的保守主義傳統」的感情，卻是躍然紙上。

王振民的這份戀殖情懷，讓他有重新審視五千年中國歷史的宏大視野，也令他發現香港這彈丸之地，原來真的醞藏著拯救中國無可救藥的激進型文化病的秘密藥方。王振民教授這番話，逕直印證了經濟學家羅賓遜夫人（Joan Robinson）的名句：「比被殖民更壞的事就是沒有被殖民」（The only thing that was worse than being colonized was not being colonized）。

只是這份被王教授譽之為「得來不易」的代價，正是一場輸得慘烈的鴉片戰爭。他似乎要為這場戰爭的勝利者和得益者高聲慶賀。

「行動走極端的大陸人」？

不過有趣的仍是，由二〇〇八京奧前後北京大肆宣揚「和平崛起」的時候開始，官方就不斷反覆宣傳中國的文化特徵是「追求和諧」。京奧開幕式那個巨型的「和」字，不少香港人還是歷歷在目，印象深刻。但王振民三言兩語，就把這迷思拆解掉。

「中國五千年內發生了六千次戰爭……中國政治文化、政治哲學歷來缺乏保守主義傳統，凡事容易衝動，走極端。」——這是中聯辦王振民說的。這是否符合歷史和思想史事實是另一回事，但這種描述又的確符合今日香港街頭巷尾可感覺到的「厭中」以至「反中」情緒所想像的中國及中國文化。香港人能否貫徹所謂的英式保守主義是另一回事，但「中國人」（大陸人）不文明、欠禮貌、愛撒野、蠻不講理……這種種刻板印象，恰好和王振民教授所說的「容易衝動、走極端」若合符節。

當王教授說：「香港回歸前……法治健全，文明理性，講規則，講規矩，講程序，不激進，少暴力，居民安居樂業，社會和諧穩定。香港給人的印象很紳士，很傳統，很保守，很文明。」怕且是因為教授要來香港，所以想恭維香港人。但如果不告訴你誰是作者，大抵不少人會猜這幾句是剪裁自那幾本街知巷聞的城邦之論，或者本土主義、香港民族論者的手筆。

這些作者和王教授所見略同，這並不奇怪，但他們都認為，香港人目前所憂慮的，正是這種理想化的香港人自我形象，被來自另一種「容易衝動、走極端」的文明所消滅、吞噬。而王振民在這裡強化的文化二元對立，恰好在為這種文明衝突想像添柴加火，後果卻非王振民所期待的有利建制的政治保守主義。

因為活在香港的一般人都會體會到，眼前的所謂「激進」，目的正是為了「保守」，只是所保守的並不是永恒不變的殖民秩序、資本霸權的秩序，而是王教授的香港文化想像中刻意要排除的，那些屬於這個城市的核心價值。真正的民主普選，恰好就是實現這套價值信念的不二途徑。

原刊於《明報》，二〇一六年一月三十一日

笑傲江湖，江湖尚在？

二〇一八年，查良鏞離世，引起熱議。婉惜者悼香港失去武俠小說奇才，批評者著眼於查氏之保守政見。評價可謂南轅北轍，恍如有兩位查良鏞。但其實，查良鏞具有三重身份：一為武俠小說作家、一為報人、一為政治人物。

以武俠小說作家知名的是「金庸」，世界上很多華人首先是透過接觸金庸武俠小說，或者相關的一系列武俠文化產品，包括電視、電影、漫畫等，才知道有金庸這位作者。這些來自大陸、台灣及海外的金庸小說迷，當中有些甚至寫過金庸小說的文學評論，也不一定認識查良鏞這個「政治報人」。只有長居於香港的香港人才會有機會認識這位《明報》社評的長期主筆，以及對香港政治曾經有深遠影響的查良鏞。他以政治人物出現的時候，其實已經封筆不再寫武俠小說，但留下的影響卻一點不亞於身為小說作家的金庸。

保守政制設計師

筆者有幸在中英談判前後讀大學，在還沒有機會成為金庸小說迷之前，首先已是《明報》社評的忠實讀者，對《明報》社評曾經在六七暴動和文革期間堅定的「批判中共」立場印象猶深。不過在八十年代初，《明報》社評已經慢慢修正為擁護鄧小平的改革派。可是當時的大學生，卻更關心魏京生對鄧小平將會成為新獨裁者的批判，並且頗為一廂情願地，期待《基本法》可以給未來的香港特區，可以為她「後殖民」的未來開放民主發展的契機。所以，大學生並不那麼喜歡《明報》，因為《明報》縱然較有編輯水準，也不屬傳統的左右兩派。但隨著香港前途問題的變化，社評已逐漸變成一個保守派言論的平台，矛頭不時直指還在幼芽階段的民主派。

其實，作為政論寫手的查良鏞，一點都不比武俠小說作家的金庸弱。他在強辯「古往今來，從無一個國家曾以普及的直接的選舉選出行政長官」時所用上的歪理，是千言萬語、連篇累牘地來，令人招架不住。三十年來這些論據已經成了「經典」，建制派反覆吟頌，香港支持民主的人士沒有一天不是和這套查氏反民主論的幽靈打架。

他所總結出的「主流方案」，倡議以「大選舉團」方式選出特首，今天已成現實，但公告當日尚會引起全城嘩然，反對者遍及各界人士與團體，當中包括民建聯的程介南、工聯會的鄭耀棠、還在《明報》任職的吳靄儀、前港大學生會會長張家敏，還有人大代表廖瑤珠，以及當時聲色俱厲的譚惠珠。她說：「如果等到九七後三十年才可以普選行政長官，這太保守了，我不能接受。」（見冷夏《金庸傳》）

可見，當天雖然「民主派」動員不了多少群眾，但搶著要用支持民主訴求來作裝點的各門各派還是不少。能夠用妙筆把江湖描寫得淋漓盡致的查氏，以知識分子報人身份問政，卻扮演了本土最保守一翼的代言人。今日回想起來，還是令人擲筆三嘆。

這場發生在一九八八年末，香港體制內爭取民主政制最關鍵，影響最深遠的一役，最後演變為數十名大學生在報社前火燒《明報》抗議，民主派的絕食和遊行，以及派代表赴廣州遞交十五萬人要求全民投票的簽名。請願被拒絕是意料中事，等同宣佈「民主回歸」提前夭折。以「雙查」為號的主流方案被草委內更保守的保守派再修訂，為政制發展設下重重關卡。查良鏞大選舉團的建議，尚有第二或三屆以「全民投票」決定接著下來如何落實普選的成分，但隨後卻被更保守派拿走。李柱銘今天竟然緬懷查氏也曾扮演「半個民主派」的角色，聽起來還是覺得帶點諷刺。

可是，畢竟方案是以查良鏞帶頭敲定的，他自然也被視為香港保守政制的設計師，一度盛傳他將會是未來的特首人選。可是未幾，一九八九年初北京就爆發了民主運動，五月李鵬宣佈戒嚴，查良鏞立即辭任草委，《明報》社論讚揚學生運動，查良鏞暫時沒有再以「反民主論者」的形象出現。民主派抗議的「雙查」方案只有幾百名市民參與遊行，但北京民運一起，卻有數以百萬人計的人上街，焦點從此再也沒有集中在查氏身上。人們只會在武俠小說和電影上記起作者是金庸。隨後的九十年代，也是金庸小說在大陸風行的年代。

在那個國度，金庸不單是作家，也搖身一變成為「學者」，甚至在浙江大學當過人文學院院長以及博士導師。他也曾赴牛津大學遊學，但回來後卻向記者聲稱發覺自己不適合學術工作。不過，這一切都不減金庸小說在大陸成為熱議的對象，皆因金庸武俠小說既非大陸一般所接受的文學正統，也是「香港地區」的文化象徵。所以，無論是褒揚還是劣評金庸小說，都間接成為大陸文化界對香港文化表達其不同取態的媒介，但不管是哪一種立場，共通點就是對金庸背後的真身（作為報人、政治人）的查良鏞，沒有興趣。香港方面，文化界雖然少有介入內地這些爭論，但香港的文化工業，也仍樂此不疲地繼續以金庸武俠小說作為

「本地的」文化創作資源。當然，經過重重改編和演繹的金庸武俠作品（主要是電影）還有多少是「忠於」金庸「原著」「原意」，乃是另一個問題。

經典化的金庸與「化外」的文化

嶺大曾經有一位研究生陳碩以〈經典製造〉為題寫過一篇碩士論文，比較兩岸三地如何對金庸作品加以「典律化」的狀況，發現只有大陸和台灣熱衷於把金庸塑造成具「文學地位」的「經典作家」，但香港雖然仍是金庸小說的重要市場，但對於把金庸作品學術化和納入文學體制卻不大熱衷。只有金庸本人汲汲於修訂自己的作品，不單要讓它們具有文學分量，更加要渴慕要成為地位神聖的「歷史小說」，擺脱它們作為報章連載的通俗文學的出身。

武俠小説始源於遊俠文化，在法律蕩然、正義稀缺的時代，以想像的方式滿足人們對公道的渴求，夢想「俠客」可以訴諸私人武力來維護某種低度的正義。但一向以服務朝廷為目的的士大夫階層，對武俠文化大都輕視和排斥，甚至施行查禁，以為這些天馬行空，鼓吹神怪與暴力的作品難登大雅之堂，而且危險及不健康。所以，「江湖—武俠」一直是一種帶顛覆性的「化外」文化。武俠小說的讀者能夠享受的其實是一種「化外」想像的愉悅。

可是，擱了筆的金庸，無論是其政治活動還是退出了政治江湖後所展露的，其實都是「回歸」正溯，尋求體制承認其地位，換句話說就是「自願招安」，自然使其粉絲失落和尷尬。香港人曾長期浸浴在武俠文化，也不自覺地與金庸式政治話語遺產糾纏，今天值得反思的，既是究竟能否區分金庸與查良鏞的問題，也是與香港一同成長的「化外」文化，究竟還可以往何處去？

與金庸的「經典化」一起到來的不是武俠小說的盛世，而是武俠小說自金庸而絕的憂慮。這個又是否一個關於香港的武俠（歷史的？）小說的題材？

原刊於《明報》，二〇一八年十一月四日

「劉德華」vs「劉德華」

藝人劉德華為團結香港基金拍了一條短片，宣傳「東大嶼人工島」填海計劃，引來強烈反應，連日「洗版」。加入聲討劉德華的除了填海方案的反對者，更多的是劉德華的原「粉絲」。他們對於一直被冠以「民間特首」之名的偶像投身為建制方案護航反感之外，也對曾經充任海洋公園「保育大使」，呼籲人類去「為保育海洋出一分力」的劉德華前後不一的態度，感到非常失望。有網民更表示因為這條片決定不再看他的演唱會，甚至憤言「看蔡楓華好過」。評論者亦紛紛議論劉德華的「民間特首」神話已經破滅，又或者論說，劉德華與「民間特首」扯上關係，從頭到尾都只是一種「錯認」。

團結香港基金希望借助劉德華的星味和人氣，在剛剛拉起戰幔的「人工島大辯論」中爭取民意支持，是百分之一百的宣傳技倆，公關技巧，絕非公眾辯論，據理論説，或者交流意見。但是經過朝中大狀湯家驊將網上反應劃為「人身攻擊」，再有所謂「網上霸凌」之説加持，「撐劉」「反劉」的對陣格局形成，「劉德華」就註定成了「填海大辯論」中的磨心。批評「人工島」的意見也借助「劉德華」的知名度而燃燒，團結香港基金此役可謂「搬起石頭打自己的腳」。那能怪誰？就只怪「出橋」請劉德華以「我」之名來「聲演」那條毫無說理態度的宣傳稿的人，以為可以利用劉德華在上世紀九十年代被塑造成的「健康」「勤奮」的形象，挪用「民間特首」的迷信，結果適得其反。

不同論者連日解拆「民間特首」的神話，揭示神話背後其實是另一個劉德華，那個為錢常拍爛片，回歸日高唱愛國歌曲，歌藝演技都是文化工業打造出來的劉德華，可能才是較真實的劉德華。這些評論對於那些在嘆氣和震怒中，高呼要「還番以前個華dee畀我」，悔恨曾經「癡心錯付」的「華迷」來說，無疑是醍醐灌頂。不過，要徹底掘出這個神話的源起，或者有需要，重看一次頭兩集的《金雞》。

兩集《金雞》與香港歷史

《金雞》上映於二〇〇二年間，主權移交後香港困境重重，過去的肯定已成過去，人心卻尚未思變。電影擬《阿甘正傳》（*Forrest Gump*）的懷舊風格，借性工作者阿金（吳君如飾）的視角，企圖鋪陳香港歷史的片段，以演繹小人物所體現的港人生活態度，如何應對種種挑戰，呼籲重新上路。劉德華在政府宣傳片中出現過的形象被挪用戲謔，他以貞子的方式從熒幕爬出來，教導吳君如「今時今日依啲服務態度唔得㗎！」。

《金雞2》則在二〇〇三年尾放映，香港經歷過「沙士危機」、「七一大遊行」，社會燥動，人心求變，與最近這幾年的社會氣氛如出一轍。《金雞2》把懷舊主題用未來主義的方式演繹，虛擬出二〇四七年的場景，回顧二〇〇三年及之前的香港，企圖以誇張荒誕和黑色幽默來包裝懷舊，也為免於直接觸及當下政治現實的問題提供一種安全的距離，雖然片中剪接了不少火爆的政治新聞片段。結尾之處，劉德華化身為做了八屆任期的特首，謂香港開發了油田，承諾香港人繼續享有免費的醫療、教育和福利，終生不用交稅。

前後兩集的《金雞》都充滿香港式的「勵志」濫調，把懷舊當作歷史。如果說第一集的歷史觀在戲謔香港的「妓女」比喻時尚能搭載某種「基層」視角，那第二集的誇張失實和未來主義，其實已經是明目張膽的在謀殺歷史。當時影評人陳嘉銘在一篇題為〈重構記憶•出賣感情〉的文章中已經批評過影片的避重就輕。結局讓主角獲內地同胞打救，奮鬥的香港精神也蕩然無存，猶如歷史魔咒。他寫道：

我有一個隱憂，看到這種隱惡揚善的檢視，是一種意識形態在背後挑撥著創作人的神經……但更大的問題是，創作人在下筆前已預設了因政局而來的準則，取捨篩選……它在重構香港二〇〇三年集體記憶的同時，令觀眾感到缺少了什麼，曾經肉緊過的日子被化為烏有。

明顯地，影評人的擔憂今日已成「常態」。筆者在此詳細摘錄，只在於引證說明劉德華在《金雞》兩集所扮演的角色，與影片的態度立場都是不具任何批判性，完全和今日所理解的「民間」毫無關係。評論人雖然洞若觀火，但「民間特首」的「劉德華」形象卻照樣流行。說到底，就是因為這形象與十五年前香港人的精神狀態根本毫無違和之處。電影所迴避的問題，正是「香港人」所迴避的；電影所要消滅的回憶，所要出賣的感情，也正是「香港人」要出賣的。雖然二〇〇三年香港經歷一番波折和燥動，而《金雞2》是以這種濫情和弱智的方式去提供一個（反動的）意識形態狂想來回答，「香港人」仍然傳誦「劉德華」，因為他們的確相信，他可能是更好的特首，不作他求。

其實意識形態並沒有隱藏什麼秘密，就等於「劉德華」就是那個為政府訓導勞工改善

「服務態度」的宣傳家。他如貞子一般地爬出熒幕，走進我們的生活和想像，塑造著這一代的香港人。大眾的夢中總有「劉德華」，於是乎，要揭露「民間特首」這場大夢就必先要揭露構成「我們」身份的大夢。

要消滅自己過去的劉建明

在眾多「洗版」的網上留言中，筆者發現其中非常觸目的一句：「好×反高潮呀你……以為自己拍緊《無間道》呀？」有趣之處在於，留言者假定在人工島宣傳片出現的劉德華和拍《無間道》的劉德華不應該是一樣，大抵前者是劉德華的「本色真身」，而《無間道》中的劉德華只是在角色扮演。但其實，「劉德華」真的可以這樣二分？

一如布希亞（Baudrillard）在談及美國迪士尼樂園的時候說：「迪士尼樂園以夢幻想像的姿態出現，其實只在於令我們相信，世界的其他部分仍然是真實的。」所以，與其要棒擊劉德華，提醒他不是「拍緊」《無間道》，不如叫醒自己知道，十五年來的香港正逐漸變成「無間地獄」。在這裡，不但失去身份的「梁朝偉」（陳永仁）返魂乏術，滿街都是忙於把自己原來的身份與記憶要狠手消滅的「劉德華」（劉建明），為的只是在新朝新政底下「重新做人」。

君不見那些出身英式文官體系的特首高官聲稱熱愛祖國，堅決執行維護國家主權的使命，堪似宣示自己是長期派往殖民政府執行任務的愛國「臥底」，如今展露的方是「本色真身」。

不是說拍《無間道》的是一班歷史的先知，而是說今天那些執行DQ任務的選舉主任，那些落手解散民族黨、拒絕外國記者馬凱簽證的資深公務員，其實都在翻演《無間道》中的「劉德華」。他們忙於表態效忠，百分之一百與過去劃清界線，他們絕非只是犯上「平庸之惡」，因為這些「劉德華」對於要殺死帶著自己過去的身份和記憶的「劉德華」，絕不手軟。

今天的「劉德華」打倒昨天的「劉德華」，支持倒錢落海搞人工島的「劉德華」謀殺了當「保育大使」的「劉德華」……其實都是香港這個無間地獄中，你我都有份參與演出的一部分。

原刊於《明報》，二〇一八年十月二十一日

天朝•家國

後冷戰的神魔大戰

美國副總統彭斯（Mike Pence）日前（二〇一八）發表關於中國政策的演説，激烈地批評中國試圖破壞美國的民主制度，並且把中美貿易戰、中國在南海的軍事行為，以及中國對大陸民眾的監控、對宗教的迫害、對台灣的打壓等一併數落，表達了美國政府近年來對中國最強硬的態度。一些評論認為這篇演説分量極重，發出的訊息是「中美決裂就在今天」，彷彿宣示「新冷戰」已經開始。

從當前不斷升溫的中美衝突而言，彭斯的講話無疑是相當觸目，也顯示美國無意急於在短期內通過溫和手段，解決中美之間的貿易糾紛。相反地，貿易戰只是中美衝突的第一個戰場。從彭斯所列舉的對中國現政權的不滿，可見美國已不再把它們看成個別的矛盾，所以並不可以通過個別事件的協商來解決。他在演説中更多番直呼「中共」，而非一貫在官方表述上用的「中國政府」或「中國」，更加令人認為他在暗示中美之間有著巨大的，恍如「冷戰」年代的意識形態分歧。中美正在展開一場沒有盡頭的「新冷戰」，似乎有幾分道理。

此冷戰不同彼冷戰

不過，將中美衝突類比為「新冷戰」似乎只能捕捉可能預見的對抗規模，卻忽視了當日的全球冷戰，與今日中美爭雄的重大差異。

第二次世界大戰之後，美蘇急於瓜分世界，把全球都變成爭逐的戰場，形塑出兩大陣營對抗的格局，並且各自提出一套統合自己陣營的意識形態和社會制度，相互競爭成為主宰未來歷史走向的模式。美國以自由主義作為資本主義世界的理想價值，蘇聯則奉行馬克思主義，以建設共產主義作為終極目標。這兩種「意識形態」的衝突，雖然背後都是帝國強權的戰略操縱，服膺於霸權的目的，但不失為兩種烏托邦想像之間的比併和較勁。

八十年代末期，蘇聯東歐陣營解體導致冷戰結束，雖然美國為首的西方世界認為可以建立一個「後冷戰」的全球秩序，「全球化」的話語迅速登場，配合一個以新自由主義為核心的全球管治架構。以福山（Francis Fukuyama）為代表的「歷史終結」論應運而生，以為全球都會統合在一個以民主、自由和人權為基石的政治制度，經濟上則是以自由市場為最核心原則的資本主義，並且在其上建立最廣泛的自由貿易與國際分工體系，透過例如世貿組織等的機構來奠立新的全球管治架構。

中國近年的崛起，無疑是鄧小平的「開放改革」搭上了「全球化」列車的結果。中國雖然沒有改變過一黨專政的體制，卻在經濟上徹頭徹尾地變成一個資本主義國家。社會主義的烏托邦理想不單隨風消逝，迎來前所未見的道德敗壞，比資本主義國家更嚴重的貧富分化。它比資本主義更無節制地頌揚剝奪性的發展主義，因而面對更巨大的生態災難。所以，雖然中國沒有採納「後冷戰」的自由主義，但「新自由主義」邏輯指導的政策，卻創造了很多「新生事物」（例如「教育股」的投資熱潮）。

兩種資本主義的對抗

流亡海外的何清漣稱中國出現的是「共產黨資本主義」。它首先是資本主義的一種，所以中國和美國的對抗，只是一種資本主義對抗另一種資本主義，一種根本不用意識形態包裝的強權爭逐。

事實上，今日以特朗普（Donald Trump）為首的美國也不用意識形態來包裝，最近在聯合國大會上發言的特朗普，在演說中更清楚表達了他「美國優先」的立場，這種立場和「後冷戰」時代西方世界一直經營的自由主義世界構想大異其趣。他說：「我尊重這個會場中的每個國家追求各自的習俗、信仰與傳統的權利。美國不會告訴你要如何生活、工作、信仰。我們只希望你們也同等地尊重我們，作為回報。」他又說得非常坦白：「美國由美國人治理。我們拒絕全球主義，擁抱愛國主義。」

特朗普的談話令人側目，就如半島電視台直播特朗普演講的節目主持人說：「我們今天見證了美國親自拆毀自己建立起的全球自由主義秩序。」不過，有趣的是，在過去幾十年一方面努力要加入「後冷戰」的「全球化」秩序（例如加入世貿組織），但另一方面又常常指責這套秩序是西方霸權一部分的中國，採用的一套愛國主義、國情論和相互尊重的說辭，其實和特朗普的一套並沒有不一樣。而中國為了對付美國的貿易戰，就四出找尋抗美盟友，在全世界面前瞬間又變成「自由貿易」最堅定的推銷員。

中美共同敵人：全球自由主義

說到底，習近平的中國與特朗普的美國，都有一個共同敵人，那就是自由主義以及以自由主義為名所建立的全球主義。習近平拒絕自由主義作為普世價值，特朗普也否定普世價值，所以他不像克林頓、奧巴馬那樣大談中美之間的意識形態差異和價值觀的分歧，而是直接把話說白：中國損害了美國的利益，挑戰了美國的全球主導地位。

「蘇東坡」之後，美國為首的西方世界聲稱冷戰結束是自由主義陣營的勝利，另一方的失敗。但其實，拒絕自由主義的中國並沒有退出歷史舞台，只是改頭換面在新的「全球秩序」下利用西方市場開放的機會，吸納新自由主義的資本主義經濟操作方法，把共產黨由只懂行使專政權力的機器，改造成可以運轉資本主義機器的新權貴階級，實行「我黨優先」。中共不斷從理念廢墟中拼湊出來的，那些既左亦右的意識形態大拼盤當中，根本就提不出什麼可以結連盟友的烏托邦想像和領導性意識形態。

所以，把九十年代以來的歷史看成冷戰中的自由主義陣營勝出，不單是一廂情願，不符現實，也其實是延續著冷戰中西方的自我幻想。在這個意義上，過去二十多年，這種冷戰想像其實並未結束，冷戰的實質，亦即世界霸權的爭奪也從未定於一尊。相反地，今日由特朗普所代表的民粹主義右翼，親自宣佈終結這套一九八九年後全球自由主義秩序，高喊「愛國主義」、「美國優先」的口號，與習近平主理下「共產黨資本主義」這雜交（hybrid）物種來一場世紀爭霸戰，方才真的稱得上是「後冷戰」時期的開始。因為這個現象說明了，冷戰話語所依賴的二元對立，黑白二分已經徹底無效。

在中國的基督教堂上的十字架不斷被拆毀或焚燒，梵蒂岡卻快速與中共分享主教的任命權力之際，比這更詭異的是聽到彭斯的「反中」演說中竟然引用了魯迅。[1]不過，我想起魯迅的另一段說話，很適合地用來理解這個充滿荒誕與錯位的「後冷戰」／「中美對抗」的年代。

魯迅先生在解釋他所創作的散文詩《失掉的好地獄》時說：「稱為神的和稱為魔的戰鬥了，並非爭奪天國，而在要得地獄的統治權。所以無論誰勝，地獄至今也還是照樣的地獄。」（《集外集‧雜語》）

戰爭，或者要開打了。你會站在神的一方，還是魔的一方？

原刊於《明報》，二〇一八年十月七日

1 彭斯引用魯迅說：「中國人對於異族，歷來只有兩樣稱呼：一樣是禽獸，一樣是聖上。從沒有稱他朋友，說他也同我們一樣的。」語出魯迅，《熱風集・隨感錄・四十八》。

書評：德里克的《殖民之後？》

二〇一六年夏天，阿里夫·德里克（Arif Dirlik）接受了台灣國立成功大學台灣文學系的邀請，發表了一系列的講座。講座的內容加上兩篇導言及一篇專訪，構成了《殖民之後？台灣困境、「中國」霸權與全球化》這本小書的內容。德里克教授是中國近現代史的專家，專長中國革命史。他曾經在中大歷史系短暫任教，亦多次來港參加學術研討會。不過，在他的學者生涯的中後期，專注更多和影響更大的是廣義的文化研究，包括後殖民評論和全球化理論等。上世紀九十年代，當文化研究快速地在香港發展的時候，德里克是其中一個最廣受討論的思想人物，筆者亦受益不淺。

嚮往革命，不安於做中國專家

德里克出生於土耳其一個商人之家，大學時期已經是學生運動的活躍分子，思想進步，在保守派眼中是個共產黨員，雖然這不是事實。後來他拿了獎學金去美國讀書，卻碰上學運的大浪潮，他決定放棄主修物理，改讀歷史。他當時雖然對中國歷史一竅不通，但對中國發生的事（指文革）產生很大興趣，於是開始學習中文，更因為這個原因後來去了台灣學習，他成為中國研究專家之路亦由此開始。

雖然德里克對中國革命的研究豐富扎實，但他對「革命」本身的嚮往和思索，無法令他安於成為一個「中國專家」。相反地，雖然他和一般左翼知識分子一樣反對帝國主義，然而他並不滿足於像很多「第三世界知識分子」一樣，利用他的族裔身份和對祖國「國情」的認識，自居「土著」的「代言者」，安穩地在西方學院之內去批判（被高度簡化的）「西方」。與此相反，他思想歷程中的「跨文化」之旅，倒反給予他一種敏感度，不懈地警惕和批判「第三世界知識分子」。

德里克的理論創新最活躍的時刻，是美國人文學科領域出現「後殖民研究」潮流的時候。來自前殖民的知識分子，開始大力批判帝國主義的遺緒，在舊式的殖民統治日薄西山之時，仍然在文化、心理和知識結構的層次，宰制著獨立後的前殖民地。不少後殖民研究，也直面民族獨立運動的種種失敗和困境，反思「殖民之後」文化身份認同的詭異和複雜，反思

「國族認同」，更為積極正面地肯定文化的「混雜性」。

德里克雖然肯定後殖民研究鬆動既有的知識結構，開拓新的文化認知空間的重要，但卻不滿於這種簡單的「文化轉向」。因為對他來說，這種「後殖民」文化批判無法推動真正有效的激進政治，因為在「多元文化論」的「身份政治」之外，根本不會幫助身處被剝奪處境的人，找到應付和抵抗今日世界困局，亦即全球資本主義的替代出路。而且，這種本意不壞，訴諸寬容價值的「文化政治」，由於不斷以反「歐洲中心論」的政治正確姿態，抵消了有效的批判實踐，反而促成了一種「文化主義」。

文化主義與內部殖民主義

德里克堅持，「文化主義」不單沒有真正去除帝國主義的餘緒（即完成「解殖」），還會助長更值得憂慮的「文化民族主義」或「文化復興主義」。這些在舊式帝國殖民主義退出歷史舞台之後，在前殖民地出現的思想，使得不少「國族建構」的工程可以取用它們來排斥其內部的少數，甚至遮掩其延續和運用同樣是具有「殖民性質」的手段。德里克認為，這些可稱之為「內部殖民主義」的現象，竟然不為後殖民研究所正視，實在是一大弊病。原因是在西方學院內不少來自第三世界，以「左派」自居，以「反西方、反帝國主義」為旗號的知識分子，若非只關注如何在西方爭奪「話語權」，就是把「後殖民」這一類理論返銷自己的國家，實質上擁抱文化民族主義，否認普世價值，貶抑內部的批判實踐，是為大患。

德里克在台灣的這幾次演講，把他理論反思的觀點，結合他對中共、土耳其、「正統派」伊斯蘭、印度教基本教義派的批判，因為他們都不約而同犯上文化主義的毛病，把文化抽離歷史地實體化，並以侵犯固有文化的純粹性為名來否定啟蒙的批判精神，貶之為受「外國勢力」唆使，或者乾脆是「殖民餘毒」。他在台灣成大的演講中，解剖了台灣多重的殖民經歷，也談及香港為保地方自治力抗中央控制的抗爭，特別指出中華人民共和國的國族建構，為了構造單一民族認同而排斥台、港的獨特性，說明他所指的「國族建構內含的殖民行為」。而這種單一的「中國」及「中國人」身份的執念，正是文化主義者把文化實體化和「去歷史化」的結果。而這本書的另一章，更專門地就「中國」這個符號進行條分縷析的歷史追塑和解構，亦有一章力陳他對「孔子學院」的批評。

事實上，德里克關注「文化主義」在「中國」的張狂，是貫徹著他對「現代性」問題的關懷，因為他認為真正主宰著人類未來的，並非我們能否找出所謂有別於西方／歐洲的「另類現代性」（例如「有中國特色的現代性」）。相反地，當社會主義革命挑戰資本主義失敗之後，民族主義的復興並沒有提供真正的出路，而是「後革命」時代的來臨，也即精神上的全面投降，「告別革命」。

在「後革命」的年代，以「歐洲現代性」推動起來的資本主義動力，正在快速地擺脫舊有的「帝國主義侵略」架式，而是把眾多前度的殖民主義受害國也換裝為「全球資本主義」內部的競爭者甚至挑戰者，隱身成「發展主義」的信徒。表面上是「西方」霸權的終結，實質上是資本主義霸權徹底的全面勝利。這些新興的競爭者以「復興文明」為掩飾，卻實實在在的完成資本主義對全球的徹底佔領，形成合謀多於對抗的跨國資產階級。資本主義的最新形態「新自由主義」不單不否定國家，反而成了跨國共通的管治邏輯和政治理性，擴大對日常生活的「殖民化」，也收編了以「國家」「民族」為名的「文化特殊性」。

文化特殊性沒有挑戰資本主義

「文化特殊性」的鼓吹者不單沒有挑戰這種資本主義的普世邏輯，反而是被挪用為消解對這種可怕的資本普世權力的啟蒙批判精神，消滅異議。不過，面對這個困局，德里克仍然堅守他跨文化追索「革命」理想的「初心」，拒絕文化主義的誘惑。這種拒絕「告別革命」的執持，正好和他拒絕在批判歐洲中心論的同時一併把啟蒙批判精神拋掉一樣。

這次他在台灣發表的幾個演講，非常精要地把他的主要思想成果和學術貢獻作了一個極簡的概括，也沒有保留地活用他的理論，分析台灣、中國及香港所面臨的困境。書中兩篇分別由台大歷史學者林易澄和成大台灣文學系教授楊芳枝所寫的導言，提綱挈領地點出德里克思想的精要。他也在書末稀有的訪問中，講述了他學術生涯中多姿多彩的片段，活現了一代思想家的神采。

講座後的翌年（二〇一七）德里克因病離世，這本小書就成了他臨終前最重要，或者是最後一次的重點學術活動的仔細紀錄。那次講座與討論筆者原來也準備參加，可惜因事錯失，得閱此書，喜不自勝，亦算補償了一點遺憾。

原刊於《明報》，二〇一九年一月十三日

約束憲政的政治神學

十二月四日原來是中國的「國家憲法日」。這個日子是紀念一九八二年所頒佈的新修訂憲法。「八二憲法」是文化大革命結束以後第一次重大的憲法修改，標示著文革時期正式結束。鄧小平的「改革開放」政策被確立，人們普遍期望中國會由文革期間無法無天的時代，邁向一個強調法治的年代。當年為了準備修改憲法，也公開收集意見。筆者記得香港也有一些團體向北京遞交意見書，可見當年的人對於新憲滿有期待。

三十多年來，新憲法的成效參差，大陸法治水平在很多方面遠遠未合乎理想。為了加強法治教育，二〇一四年頒令十二月四日為「國家憲法日」。今年，香港開了一個相關的座談會，清華法學院的王振民謂香港已成為「紅色中國」的一部分，應該接受中國共產黨的領導，更指接受回歸而不接受共產黨是不行的，因為國家和黨分不開。他又批評有些人把《基本法》看成香港自己的憲法，或者在香港把全國憲法看成只有象徵效力。

《基本法》不再是小憲法

新上任的中聯辦主任王志民，早前亦在文章中指「法治必須以憲法為核心，法治精神本質上就是憲法精神」，弘揚法治精神就要對任何破壞國家憲制秩序和本地法治的言行作鬥爭。

這些言論最值得留意的地方在於，他們刻意高抬憲法地位，把任何關於《基本法》的「剩餘想像」（例如把《基本法》比喻為「小憲法」、《基本法》有「憲法性權威」）等一一排除，更要確立「憲法」在香港也一樣有效的調子。如果過去有人以為全國憲法會因為《基本法》第五條或第十八條的限制而不會在香港有效，那只是一種美麗的誤會。過去特區大力推廣《基本法》教育，怕且將來會再另搞一套「憲法推廣與教育」，或者整合成新的一套「憲法與《基本法》」的新宣傳方案，以免人們只記得有《基本法》而忘記了還有全國憲法。

不過，這些毋忘憲法的言論最有趣的地方還在於，明明《基本法》指明全國性法律不在香港實施，但又說要香港人明白全國憲法一樣在香港有效，這些高官、「護法」們常常要小心翼翼地把說話修飾成「弘揚憲法精神」。於是，「憲法」本是白紙黑字，但經此一「精神化」的重新包裝，卻又重新回復為「革命精神」、「愛國精神」一樣的「唯心主義」概念，只能靠心領神會，難以論辯分析，只餘作鬥爭號角的作用。

事實上，為了推動法治，一直以來也有深化人民法治意識的說法，但晚近愈來愈見把法治意識表述為「法治精神」甚至「憲法信仰」。例如，今年內地關於國家憲法日活動的一些報導，也反覆地用上「憲法信仰」或「讓憲法成為公民信仰」的詞彙，彷彿宣傳法治已變成一個傳教活動，「國家憲法日」也好像變成一個傳福音的日子。今年國家憲法日新聞的重點，是落實習近平「要全社會信仰法律」的指示，推行法律工作人員的憲法宣誓制度。

不過，如果把上述「憲法成為公民信仰」純粹解釋成重視法治的一種表述形式，恐怕只是觸到皮毛，忽視了這些年來大陸法律領域的思潮變化。當中最關鍵的是中國需要怎樣的法治，如何面對「憲政」的要求。「憲政主義」作為一種改革主張，要求以法律規範黨和政府的權力，甚至要求司法獨立等，把「黨大還是法大？」的問題日益尖鋭化。法學思想界出現針鋒相對的辯論，形成所謂「政治憲法學」，討論政治權力和法律之間的關係。

黨是靈魂，國是肉身

一些保守派的護黨論者強調國家主權者乃憲法最高權威，吸取德國法學界施米特（Schmitt）的「主權決斷論」，維護中共之超然地位。無論是把憲法序言中的「黨的領導」視為「第一根本法」，還是把中共及其領導人的言行見解與決定視為高於憲法，是在憲法文本之上的「不成文憲法」，以致於直接坦言「黨章也是憲法」或者「黨章就是憲法」……在在都是意圖否定「憲政主義」改革要求把權力「放回籠子裡」的目標。

這套貫徹著施米特的「國家主義」思維的政治憲法學，也沾滿了施氏論說所依據的「政治神學」色彩。有論者更把黨與國家的關係理解為國王的兩個身體：黨是靈魂、國是肉身。主權者是萬法之本，但憲法卻規限著主權者的制憲決斷——關係猶如上帝的道成肉身，但上帝並無因此而真正消失。如果只懂按憲法及法律文本去限制國家的主權決斷，就猶如對聖經咬文嚼字，卻忘記了背後的上帝。所以，強調「依憲治國」並非容許以「憲政」來限制掌握制憲主權的「黨」。推動憲治，關鍵在於毋忘以崇拜、以虔敬的態度去擁護「憲法精神」，因為他們說「憲法精神」的核心不外乎就是「黨的領導」。

「黨的領導」在香港有沒有法律效力？如果你用二十多年來一貫對一國兩制的理解，當然你翻遍《基本法》都找不到「黨的領導」的文本根據。可是現在，你和他講《基本法》，他就與你講憲法；你和他講憲法，他就對你講憲法有分成文憲法和不成文憲法，不成文憲法裡包含了比憲法條文和《基本法》更根本的「根本法」……龍門愈搬愈遠。

「憲政主義」主張以憲法約束國家權力，規範政府行為，保障公民權利，政治行為受法律規範。可是「弘揚憲法精神」所講的「精神」卻是只能心領神會的「啟示」，只教人感受主權者（共產黨）的無邊無際。

共產主義者原來的思想方法是馬克思主義，是歷史唯物主義。但當它也要訴諸「精神」、「信仰」等唯心主義概念來為自己的永不退場找尋理據，這是一種「神化」？「異化」？還是「拜物教化」？

原刊於《明報》，二〇一七年十二月八日

天命昭昭，談何中國夢？

中共召開了十九大（二〇一七），宣告在中共的領導底下，中國已經進入習近平所領導的新時代。這個新時代奉行「新時代中國特色社會主義」，目標是「中華民族偉大復興」，實現「中國夢」。連日來，為了更有效地傳達這「新時代」的「最高指示」，各式「國師」、「護法」忙於出來「解畫」，甚至用訓斥的口吻來「教導」香港人正確閱讀「十九大」報告的方法，如何方能領略總書記的微言大義。從經史傳統、馬列理論、宗教神學、中西哲學比較等等，洋灑萬言。這些「護法」的諄諄教誨，為深受西方自由主義「荼毒」，「懷著不屑或敵意」去看待中國特色社會主義，受制於「狹小地域環境」的香港人，好好地上了一課。

一株掛滿禮物的聖誕樹

毋須否認，一般香港人對於中共官方所用的語言，愈來愈不熟悉。五花八門的政治新語新詞，的確有點摸不著頭腦。一邊是共產主義的幽靈，像唐僧一樣為孫悟空頭上加了「人民民主專政」的緊箍咒，鎖定「民主」一定要與「專政」綑綁在一起。這個「反襯詞」(oxymoron) 據前人解說是修改自馬克思主義的「無產階級專政」。依馬氏理論，共產黨理應是無產階級的「先鋒隊」，天職是領導工人階級作階級鬥爭。但二十年前，偉大的江澤民同志，早已宣告資產階級也要共產黨來代表，共產黨於是成為一個曾經被毛澤東等嚴厲批評過，但蘇聯的赫魯曉夫卻視之為瑰寶的「全民黨」。

要明白這些改變共產黨代表性的行為，為什麼不再被視為「修正主義」，本身已有一定難度。卻原來江澤民的「三個代表論」還早已隱含另一套「先鋒隊理論」：中國共產黨原來也是「中華民族」的先鋒隊。到了習近平，更成為「中國文化精神」的先鋒隊。中共，原來是一株掛滿禮物的聖誕樹。

孔孟老莊誰說要有支先鋒隊？這是一個 always simple, sometimes naive 的「港式」問題。但多蠢都要明白，今時今日，要讀懂共產黨最高領導綱領，一定要具備經史常識，了解一些儒家術語，否則怎樣明白何謂「道體」和「政體」？怎樣知道，原來習近平接著下來要做的，就是形成「新的黨國體制」去「構建中華文明新的政教體系」，目的是去合成一個「混

（雜）種的」「新的道體」？

其實，要為新的共產黨「聖訓」進行註釋，也不需要太過鑽牛角尖或故弄玄虛。因為簡單來說，事情就是一個以典型農民革命方式上台的政權，要找尋一種說法來向黎民百姓說明白，今日已經「改朝換代」。你喜歡可以，不喜歡也罷：這是一個千百年來大家熟悉的皇朝體制。它不是基於什麼人民主權、自由平等的西方鬼話，而是因為前朝氣數已盡，當朝統治的合法性來自「天命」。

中共受命於天？

早在二〇一二年習近平接任中共總書記開始，中國「知識界」已經醞釀和發展新的國師理論，大量吸取傳統皇朝文化的論述資源。當中一篇曹錦清教授的訪談，說得最淺白和直接。他說：

> 近代以後，……中國知識分子最主要的努力就是重建歷史觀。重建歷史觀成為

奪取天下一個非常重要的任務。中國傳統歷史觀中的循環論就是一個皇朝取代一個皇朝，加上天命説，有效帶來一個新的統治者，給予他統治的正當性……共產黨原來的革命敘事和傳統的孔孟的革命敘事有銜接之處——共產黨代表人民的意志，推翻原來的皇朝，因為舊皇朝喪失了天命。

也就是説，共產黨一直以「受命於天」的方式重演了一場皇朝循環的戲劇，可是自由主義的引入卻不斷要重提政權合法性的問題，危害著黨國的領導地位。所以共產黨一定要抵制「民主的誘惑」，以「超趕西方」作為動力，消滅自由主義的內在要求。這樣才可以保持共產黨作為全民「領導黨」，以「恢復和我們的人口、國土以及我們的歷史記憶相稱的亞洲大國的地位」。

無疑，「天命論」的登場，説明了過去在「五四」運動出現的「反封建」訴求，只是一個皇朝循環當中的一段過場戲。但是，「超趕西方」説明了，無論如何擺出「反西方」的姿態，歸根結柢還是按西方物質文明為標尺。再者，要將國族富強的追求重新包裝為「文明使命」的比併，説明了雖云「文化自信」，但其實只是夜行人吹口哨，大家還是圍著亨廷頓為美帝霸權服務的「文明衝突論」起舞。例如，「中華文明偉大復興」計劃，至今最深入人心的原來不是什麼更深刻的、更值得追求的普世價值，而是學舌自「美國夢」的「中國夢」，說到底還是要從美國鏡像的倒影才能認出「中國」來。

「中國夢」由國家預製

可笑的是，十九大剛開過，就有人出來興奮地宣佈「美國夢已死」。但是，正如喜劇演員喬治•卡林（George Carlin）說：「美國夢之所以是美國夢，是因為它只是一個人在睡著時才會相信的東西。」批評美國夢如何不切實際，是美國文學教育傳統的一部分，從《推銷員之死》（*Death of a Salesman*）到《大亨小傳》（*The Great Gatsby*），從《在路上》（*On the Road*）到《革命之路》（*Revolutionary Road*），都令人反思為何「美國夢」是虛幻或者面臨困境。

可是，「中國夢」卻是在輿論「七不講」的環境下經由總書記宣講的。一如「科學發展觀」或「和諧社會」，「中國夢」只是「理論建樹」和國家機器的「政治宣講」。話音未落，就有國師出來嚴斥，不要混進什麼「憲政夢」、「普選夢」。

馬克思主義原來已面臨第三次中國化，今次是服務於構建中華文明新的「政教體系」，首要就是令百姓知「天命難違」，連發什麼夢，都會由國家為你先行預製。

原刊於《明報》，二〇一七年十一月十日

毛左青年行動主義的挑戰

深圳佳士科技公司最近（二〇一八）發生工潮，一批受不了公司侵害勞工權益和不合理制度的工人要求組織工會，卻遭到阻撓和打壓。一些員工代表被解僱，更被保安和警察毆打。事件在全國引起關注，激起部分大學生的義憤，北京大學、清華大學、西北政法大學、中國人民大學等十多間院校都有大學生發表聲明和聯署，更有同學親往深圳支援，當局大為緊張，最後連同前往聲援的工友和學生都被抓捕或「被失蹤」。

中國雖然號稱是社會主義國家，然而在中國共產黨統治底下，工運完全受黨和政府的嚴密監控。勞資之間的權力失衡，工人無法自由組織工會，協商和抗爭往往都很難有效進行。原因在於法律規定，所有工會都要從屬於「全國總工會」，一間公司也只能設一間工會，成立工會亦須得上級工會的批准。「全總」往往首要扮演維穩角色，功能與「黃色工會」無異。因此之故，中國大陸上發生的勞資糾紛可謂無日無之，激化成為所謂「群眾事件」的也不計其數。相比於攔路佔領或者怠工、罷工，佳士事件的規模並不算大，也基本上只是和平抗爭。然而，這並不減低佳士工潮的重要性。

佳士工潮的意義

首先，佳士工人的主要訴求是組織工會，而非一般工運所要求的改善待遇。關注中國勞工問題的理工大學教授潘毅就直指，這次工潮象徵著今日中國工人階級意識的進一步覺醒，要求自我組織起來。

其次，這場工潮可算是一九八九年之後，比較罕見的大學生動員，投身具有政治性質的抗爭。而且，他們不是追求一般意義的民主，也非常見的「維權事件」，而是支持工人運動。從參與聲援的大陸各地學生所發表的聲明可見，他們大都有所謂「毛左」的思想背景。他們在抗爭現場，除了叫口號外，均有人手持毛澤東的肖像，並播放紅歌。也有報導指，前往參加聲援的人士，亦包括一些深信毛澤東思想的退休幹部與工人，以及活躍於左派網站「烏有之鄉」的「毛派」。

事實上，雖然由官方以至民間，毛澤東時代往往被視為過去了的事物，但毛澤東的思想卻仍然以各種方式流傳，特別觸目的是這股思潮形成了一個所謂「毛左」的圈子。透過肯定毛澤東及中國革命，人們在「毛左」話語圈中抒發了很多對中國現狀的不滿，並且認定這些可悲現狀是由資本主義所造成。隨著中國社會矛盾愈來愈嚴重，「毛左」話語圈就開始出現了分歧：一些人的目的只是以毛澤東來攻擊自由派，最終卻離不開為現政權辯護，這些人已被認定為「國家主義毛派」。但另一些人則重視運用毛澤東思想來介入和改變現實，認為中國愈來愈有需要把馬克思和毛澤東（未竟）的社會主義理想付諸行動實踐。抱這種行動取向的「毛左」青年愈來愈多。

例如，南京大學學生的聲明寫道：

> 一九七一年前，一場「反飢餓」的學生運動，將我們與無產階級連在了一起。向槍口要飯吃，反對國民黨的專制統治，讓彼此互相陌生的南大學生和工農群眾緊緊連在了一起……而一九七一年後的今天，一場新的運動又將我們和無產階級連在了一起。

中國人民大學學生的聲明也由一九三七年（中共進駐延安的日子）談起，引述毛主席「造就革命的先鋒隊」的號召，特別提到這些人要不謀私利，只為著民族與社會的解放。聲明接著寫道：

滄海桑田間，民族解放的事業早已在社會主義新中國成立之時便已實現，但當前社會距離勞苦大眾解放的目標卻還道阻且長……（深圳）燕子嶺「人民警察」不僅不幫助工人群眾維護權利，反倒毆打甚至關押工人，其性質與舊社會統治階級之走狗何異？！

這些充滿激情和正義感的吶喊，令筆者想起一九九一年一部名為《開天闢地》的中國電影。當中出現中共創黨人李大釗在五四運動前後學到了馬克思主義，熱情洋溢地向工人群眾宣講要以馬克思主義救國的動人場面，竟與今天在佳士抗爭現場所見的如出一轍。這套電影是為紀念中國共產黨誕生七十周年而拍，但若今天要拿去重新審查，恐怕也會有煽動民眾尋釁滋事之嫌。

事實上，習近平上台集大權於一身，毛澤東時代的政治符號被大量重新召喚和利用，今年更高調地紀念馬克思誕辰二百周年，並且大講共產黨人要「毋忘初心」，不少人解釋為製造條件讓文革式的極權政治重臨。

毛主義只能膜拜不能實踐

文革或會重臨，自由派自然憂心忡忡，但一些「精神左派」卻額手稱慶，他們以為可以憧憬中國不再那麼「右傾」。可是，對中國的當政者來說，馬克思主義也好，毛澤東思想也罷，都只宜和毛澤東的遺體一樣，放進水晶棺裡供人膜拜，卻千萬不要讓人民付諸實踐。而這幾十年的變化不是反覆地證明了，無論是「左」還是「右」的修辭，在中共官方的意識形態把戲底下，其實都只是為了維護現政權和既有利益服務？

因此，雖然紅歌在各省市的大劇院內頻頻高唱，歌頌共產黨解放工農的偉大事業，令老高幹聽得如癡如醉，但在佳士工廠門前的抗議者播唱的紅歌，卻像魯迅的小說《藥》末段，那隻在被砍頭的革命者墳頭上的烏鴉發出的最後悲鳴。因為儘管他們高舉紅旗毛像，盡顯

「初心」，卻被指是「外國勢力」，也「不准革命」。

姑勿論你相不相信這是中國「社會主義革命2.0」之始，毛左青年的行動主義浮出水面，已經點破了習近平「毋忘初心」論的本質只是「葉公好龍」。「社會主義中國」這台戲，如何唱得下去？

原刊於《明報》，二〇一八年八月三十一日

中國青年左翼與喬姆斯基

深圳佳士工潮被大陸官方鎮壓，支援這次工運抗爭的一批左翼青年被打壓。繼後，超過二十名學生仍然遭到當局禁錮。北大畢業生岳昕無故失蹤，發起「尋找岳昕行動」的張聖業也公然被綁架消失。各地曾經參與聲援工潮的左翼青年被監視、跟蹤、辱罵的例子無數。可是，這股左翼青年浮出水面的浪潮並沒有因此而退卻，他們也不甘被默默消音。一些大學就先後有同學公開組織左翼讀書組，但卻在校內找不到「指導單位」協助他們完成正式註冊，甚至連校內的「馬克思主義學院」也缺乏老師願意擔當他們的「指導老師」。

打壓左翼青年，撕破毋忘初心

中共打壓左翼青年的舉動，猶如親手撕破中共在十九大所言的「毋忘初心」，也是對今年（二〇一八）中共盛大地舉行「馬克思二百周年誕辰紀念」一個極大的諷刺。二〇一八年五月二日，習近平就曾親自參觀北大的馬克思主義學院，盛讚北大對馬克思主義在中國的傳播作了重大的貢獻，還聲稱要抓好馬克思主義理論教育，深化學生對馬克思主義的認識。可是，馬克思主義在今日的中國只能供奉，卻不容實踐。這種把「馬克思」、「馬克思主義」及「馬克思主義者」肆意「忽悠」的事件，並不可能只是一種內部事務，相反地，中共打壓左翼青年和工人運動的事已經惹來國際關注。

康奈爾（Cornell University）大學的國際工業勞工關係學院，最近為了抗議中國打壓學生支援工人運動，會損及學術自由，暫停了與人民大學的兩個交換生計劃。《金融時報》日前更有報導，謂美國最知名的左派學者喬姆斯基（Noam Chomsky），連同其他數十位左翼學者，正聯名呼籲杯葛中共舉行的「世界馬克思主義大會」。自稱親自看過聯署內文的記者所說，聲明內容會指出「繼續參與這些官方贊助的馬克思主義相關活動，意味在這場中國政府操弄的遊戲中，我們都是共犯，因此全球左翼學者應起身響應，共同抵制這類型的學術會議與研討論壇」。

負責康奈爾國際交換生計劃的勞工問題專家 Eli Friedman 在接受訪問中坦然承認，對華交往（engagement）政策並沒有擴大中國的民主空間。他回憶在二〇〇六年自己還是一名研究生的時候，他強烈地主張要與中國接觸，認為美國勞工運動長期拒絕與中國「全總」（全國總工會）交往乃是冷戰對抗的遺緒。但經過多年親身在中國的工作和研究後，他已經完全扭轉了看法，因為在大陸研究工人問題所犯的禁區愈來愈多，研究工作無法發展。而在習近平時代，「全總」比過去更為保守，對工人維權更為敵視，推動勞工權益改革難上加難。

喬姆斯基支援參與佳士工潮

至於喬姆斯基支援參與佳士工潮學生的聯署，其象徵意義就更為巨大。不單是因為他長期投入心力聲援弱勢社群，對大學和知識分子責任問題多所論述，從而在國際左翼學術界享有至高的聲譽，也因為他尖銳地抨擊美國的外交政策，參與「反戰運動」（特別顯著的是反對美國入侵伊拉克），是反對美帝國主義的道德領袖，被視為「當代全球最具影響力」一百名公共知識分子中名列第一。

喬姆斯基的「反美」立場，是源自他堅持要作為美國「異見者」的原則，也與他同時反對蘇共斯大林主義並不違背。雖然他在美國樹敵無數，被不斷攻訐、詆毀，甚至威脅人身安全，但他仍然對美帝霸權毫不妥協。他不認為所有國家都要以美國模式來建立民主，但他並沒有輕視民主，相反，他批判國家與資本力量，批判金權政治，正是要抵制這些力量對自由和民主的壓制。雖然他沒有因為要「反美」或「反西方」而像不少其他西方左派一樣一廂情願地寄情於「反西方」的「非西方」，也沒有像馬丁‧雅克（Martin Jacques）〔英共黨員，*Marxism Today* 的主編，《當中國統治世界》（*When China Rules the World*）的作者〕一樣，把改變世界的期望寄託於中國身上。他也對中國發展付出了沉重的環境和社會代價頗有憂慮，但對於「中國崛起」，他卻在二〇一〇年訪問中國，領取北大頒給他的榮譽博士學位時，不忘向他的讀者大派定心丸。大抵那時的他，仍以為他的讀者都是美國人，他向你保證：「中國」是一個「安全的他者」。

喬姆斯基不遺餘力地「反美帝」，卻往往被引申接合到「判別左派的標準在乎是否反美」的偏頗之論，雖然這大概不是他的企圖。只是，當你活在中國而又應用這把「全球尺度」，你大概不難找到「左派」，但卻也很難找得到像喬姆斯基自己一樣的「異見者」，因為多少年以來，中國的語言場域上「左派」和「異見者」已經成了一對相反詞。大抵只有在參與佳士工潮的這批左翼青年，這批被一個「尊奉」馬克思主義的國家所暴力打壓的馬克思主義者身上，喬姆斯基才重新發現一種失落了的（與自己相似的）「異見者」形象。但隨之而來的問題就是，中國是否仍然只是一個「安全的他者」？

事實上，左翼思潮在今天的中國大陸已經變得相當紛雜，如果在九十年代至千禧之初，社會思潮還是主要分成「自由派」與「新左派」之對壘，往後「傳統主義」與「毛左」的崛起已經重劃了思想陣營。人們在「毛左」論述流通的地方，會目睹他們所表達的對現狀的不滿，對「過去」的「緬懷」，也看出一種對「自由派」的敵視，對「公知」的嘲弄，夾雜著「反帝」憤青的憤怒。可是，今天加入這些話語圈的已不單是「毛左」而是各式不同的左翼，他們不只關注工運，也介入 #MeToo。他們討論的熱點，已非僅是「守衛」中國的社會主義價值（還有多少？）而是直斥中國現狀的「資本主義」本質，剖析中國「國家資本主義」的構成，更有一些論者，運用列寧主義的原理，警示中國存在變成帝國主義的態勢（見網站《無國界社運》最近轉載的一篇文章）。這些觀點，都不是二〇一〇年去北大接受榮譽博士學位，贏得《人民日報》報導所指的「超過國家元首」的一片歡呼聲的喬姆斯基所表達的。

中共高層都是假馬克思主義者

這些左翼青年之間，難言在思想和在具體問題上的判斷完全一致，但他們把信念付諸行動，就像孩子說破了「皇帝新衣」的秘密。一如《金融時報》的報導提及另一位聯署人John Roemer（耶魯大學的「分析派馬克主義者」）所說：「中國政府鎮壓學生運動，甚至綁架他們的事實，明白揭露那些政治領導階層都是假的馬克思主義者。」正是這一點，注定了這些左翼青年走上了猶如「七〇九大抓捕」[1]中那批「維權律師」的同一命運，成為國家難容的「異見者」，也因此而愈來愈靠近「理想上」／「想像中的」喬姆斯基的形像——唯一不同的是，對他們來說，中國不可能只是一個「安全的他者」。

原刊於《明報》，二〇一八年十二月二日

1 二〇一五年七月九日起，三百多名維權律師及民間社運人士被逮捕、拘留。

再次走上神壇的毛澤東

二〇一八年十二月二十六日，香港和世界上不少城市和國家都仍然在慶祝聖誕節。聖誕節是源自基督教的信仰，但當今已世俗化為不少人的歡慶與消費的日子，參加者不分信徒與否。惟獨是中國一些城市，延續著這幾年以來的趨勢，出現所謂抵制洋教的現象。在湖南、河北、貴州及廣西的一些城市，聖誕節更成為「重點管理、重點整頓」的目標。當中一些地方，禁止商販使用聖誕裝飾，學校禁止學生在社交媒體上討論聖誕節的有關內容，甚至有校長發起所謂「不過聖誕，從我做起」的主題教育。這些「禁洋節」的舉措，令中國與朝鮮及部分以伊斯蘭為國教的國家（包括沙地阿拉伯、索馬里、汶萊、塔吉克等）一道，成為出現聖誕禁忌的地方。

與「不過聖誕」一同出現的，是愈來愈高調的在十二月二十六日慶祝「毛誕節」。二〇一八年是毛澤東誕辰一百二十五周年，從有線電視的報導中，我們可以目睹大批的支持者去到湖南韶山參加慶典。一些「毛粉」更帶齊祭品，把毛當作神一樣的拜，更誑言「全世界都崇拜他，他是神不是人！」。這股以「毛誕」來取代「聖誕」的風氣更吹來香港。工聯會的會長吳秋北直言：「毛澤東誕辰才是中國人的聖誕節」，更揚言「最好的紀念就是向主席學習！」。他更歌頌「毛主席具開天闢地的首創之功」，且貶斥「有了偉大的人物，而不知擁護、愛戴、崇仰的國家，是沒有希望的奴隸之邦」。

學習毛主席卻反對工運

工聯會要帶頭在港復興對毛的崇拜，更要像半個世紀之前「六七暴動」前後一樣，號召向偉大領袖毛主席學習，然而就在「毛誕」當日，北京大學馬克思主義學會會長邱占萱正要前往參加紀念毛澤東誕辰的活動，在校門口即被便衣警察強行帶走，原因顯然與該學生組織曾聲援深圳佳士工人運動有關。這些毛左青年之所以挺身支援佳士工人組織工會，正好是學習毛澤東、鄧中夏、李立三等，當年主動走向長辛店、安源等地，走進工人階級中間組織工人運動。可是今日的共產黨政府卻橫加鎮壓，絕不手軟。這邊廂的工聯會頭領，卻還在空言學習毛主席，對一河之隔的工人階級兄弟身處的困境卻無動於衷，那他們說的要學習毛主席，究竟是要學些什麼呢？這種說一套，做一套的作派，恰好印證了大陸毛左圈中近來曾經激辯的問題，就是如何區別「真毛左」與「假毛左」。

真假毛左問題的出現，自然是因為毛澤東是一個複雜無比，而且常常自相矛盾的人物。一大批毛粉雖然都肯定毛澤東，但究竟肯定他的哪一部分卻沒有一致的共識，彼此有分歧的動機，差別也愈來愈大。其實「毛粉」的出現，可以追溯到一九八九年民運，六四屠殺之後迅速在全國出現的一股「毛澤東熱」。當時大量關於毛澤東的書刊非常暢銷，毛主席的紀念品風行，毛主席故居人來人往，一下子扭轉了整個八十年代在開放改革的大旗下追求從外國引進新思潮以作精神食糧的風氣。這股「毛澤東熱」主要來自民間，包含有用懷舊來表達對當年壓抑氣氛的不滿，也有重新把關注點放回中國具體歷史處境的味道，焦點是「如何看待走下神壇的毛澤東」。

八九後的「毛澤東熱」

不過，從官方的角度看，相比於被譽為「新啟蒙」時代的學生運動，這股毛澤東熱是無害，甚至是可以利用的。原因是維繫毛澤東的權威可以延續共產黨的執政正當性，但又警惕毛澤東在文革中「造反有理」的神魅式呼召，會重新刺激青年批判現狀，於是非常著意去引導毛澤東熱的「走向」，重點在透過毛來強化對青年的「國情教育」，把毛安放在安全的「凡人」位置，配合後毛時代的「開放改革」。往後，毛左輿論陣地雖然滋生不少「憤青」，吸引了因為在改革中利益受損的前幹部及下崗工人，以及仍忠於左翼理想的一些知識分子，言論主要攻擊自由派「公知」、為毛的思想和歷史功績辯護，與愛國、反美帝等主旋律配合，官方的「引導走向」工作顯然發揮了作用。

不過，隨著中國社會矛盾日益深化，慢慢出現了忠於以毛為代表的烏托邦理想的「原教旨毛派」。他們認為只有堅持代表「最底層」的利益才算忠於毛澤東思想，也堅持毛所開示的「造反有理」精神，日益對毛左群中不敢觸碰和直接批判現政權的口頭左派作風不滿。在薄熙來及習近平這些官家派系相繼上場，出現有意利用毛左作工具的情況下，終於向他們視之為「假毛左」開展批判，認為他們只是「投降派」，對毛澤東只是「抽象肯定，實質否定」，「打左燈，向右轉」。他們首要目標只是掛著毛像維護共產黨統治，但歸根結柢只是權貴資本利益的代表，更甚的是由此而支持一種右翼法西斯主義，亦即國家主義加一黨極權及元首崇拜。一般毛左群眾的那種領袖崇拜，民粹與排外狂熱可堪與開頭支持希特勒的「衝鋒隊」比擬（只是，希特勒最終依靠的其實是「黨衛軍」）。他們被斥之為「假毛左」，是保爹保媽的保皇派，只是熱衷於建立一個「紅色帝國」，但卻不會依從毛的理想，即敢於打碎黨國機器重建一個真正人人平等的烏托邦。

事實上，與這裡習慣「貶毛揚鄧，反左優先」的簡單黑白二分法相反，把毛澤東擁上神壇的並非毛的個人作為，而是劉少奇與鄧小平在文化大革命還未爆發之前的共同作孽。他們希望中國可以另創一個（在中蘇交惡之後）中國版的斯大林，意謂一個百分之一百致力於維持黨國利益的全能領袖，而當時的中共對革命領袖的想像，也並不局限於推舉一個局限於民族主義或什麼「文化復興」的「國父」。當然，出乎劉與鄧意料之外的是，走上了神壇的毛竟然會利用這種個人崇拜，不惜冒打碎黨國機器的風險，把文革的矛頭指向自己。今日鐵杆的毛左也認為，「走資派」的鄧小平，其實是中國權貴資本主義的始作俑者。

毛澤東：國教化的聖人

鄧小平復出，小心翼翼地維護毛的權威，但走的路必要首先把毛拉下神壇，把毛重新以凡人身份接受世俗的評價，以為可以約束著毛的「造反」幽靈。可是，新興的權貴資本階級實在無法另行為自己開發思想與感性資源，來合理化他們的永續統治，惟有再次乞靈於老毛的神魅，一個「下了凡」的毛澤東又要再次請上神壇。按他們的利益，得要確保這個再度「神化」的毛澤東必要以百分之一百忠於黨國，以被「國教化」的「聖人」形象出現，甚至要成為「跨宗教」共同朝拜的對象：無論你去的是基督教教堂、禮佛的寺廟，拜的都是「毛」——那個受黨國的教士官僚所擺佈的偶像。

真假毛左之爭令人聯想到的是記載在聖經《啟示錄》裡面的「敵基督」（anti-Christ）預言：那七頭十角的獸在末世來臨之前會冒認自己為救世主，模仿基督死後復活，以迷惑眾人，叫人敬拜自己，並且逼迫信徒與信徒之間爭戰。毛主席於今再度走上神壇，邪氣充天，但是，身體力行想把「天國行於地上」的信徒卻被逼迫……固然，他們的「信仰」會面臨巨大考驗。但其實，這齣純真的馬克思主義者在「毛誕節」受「自行封聖」的假共產黨迫害的鬧劇，所敗露的只是這個猶如靈性廢墟的國度，其末日將臨而已。

原刊於《明報》，二〇一八年十二月三十日

聖人黨國：禁止造反的馬克思主義

馬克思誕辰二百周年，中共高規格地舉辦慶祝活動。習近平出席人民大會堂的集會，發表長篇講話，一個巨大的馬克思銅像送到馬克思在德國的出生地。這一兩月以來，十多家廣播電台播出了系列節目《給九十後講講馬克思》，中央電視台也在黃金時段播出五集節目《馬克思是對的》。毫無例外，這些電視節目的內容重點都是把馬克思首先描述為一個道德偉人，其次就是一個理論先知。

與此同時，北京大學也隆重地召開「第二屆世界馬克思主義大會」，雖然這個大會號稱屬「世界級」，但國外到來的馬克思學者也只有二十多人。中國對馬克思的「熱」，和世界對紀念馬克思的「冷」，構成一個強烈的對照。

事實上，馬克思的思想早已在哲學、歷史、經濟、藝術與文化多個學術領域成為經典理論，提供思辯和研究的素材。如果說在中國以外的世界已經沒有人再理會馬克思，顯然是不盡不實。特別是二〇〇八年金融風暴之後全球資本主義所顯露的問題和危機，儼然和馬克思當年作的分析和預見若合符節，重新出版馬克思著作和研讀馬克思的理論，的確正在形成一種趨勢。

中共對馬克思主義隨意肢解

可是，這種嚴謹的思辨和研究，並不等同於作為一種政治行動綱領的「馬克思主義」正在復興。因為自從冷戰結束，世人對於「現存社會主義制度」和「斯大林共產主義」已經難有幻想。中共在九十年代也有份拋棄馬列教條，只不過仍然維持共產黨領導的體制，在「開放改革」的名義底下「掛羊頭，賣狗肉」，號為「具中國特色的社會主義」，實行的是「具中國特色的（權貴）資本主義」。在把馬克思主義「中國化」的名義底下，對馬克思思想隨意肢解、挪用，「中國馬克思主義」不但版本繁多，相互矛盾，難以辨認，甚至面目全非。

馬克思千言萬語，重點是對私有制的批判，包括解釋「利潤」的來源是「剩餘價值」的剝削、階級的二極分化、階級鬥爭不可避免並會導致革命、對歷史的唯物辯證分析，對意識形態的批判，和追求人的全面解放與發展。

鄧小平的開放改革，為市場化大開中門，還可以說成是一種「市場社會主義」，以市場經濟補充國家的計劃經濟，是緩進溫和的社會主義道路。但到了江澤民的「三個代表論」，把本來理論上代表無產階級的共產黨，重新解釋為代表著所謂「先進生產力」的精英執政黨，為資本家入黨鳴鑼開道。這套理論與其說是由馬克思那裡引申出來，不如說是吸取自孫中山—蔣介石那種「以黨造國」的「黨國論」，遙遙呼應意大利和德國等地的法西斯主義「以黨治國」的先例。

馬克思本論「國家消亡」，今天黨國論卻以發展馬克思之名安放在他頭上；馬克思本論「階級鬥爭」，但經過一場理論大手術之後，階級鬥爭變成對體制有異見者的鬥爭；馬克思主義本為一種「革命」理論，又已變質為一套永續政權的執政理論。

有人說，中共把老祖宗拿出來禮拜供奉，口口聲聲「毋忘初心」，只是為了給專制統治一種「正當性」。可是，經過四十年追逐經濟發展，「先富起來」、「窮得只剩下錢」的中國人來說，要當「共產主義接班人」的道德教誨，又能夠為統治者帶來什麼統治「正當性」？

事實上，自上世紀九十年代開始，人們熱烈追求意識形態的年代已經過去，馬克思主義的信仰不可能為中共增加任何政治上的正當性。事實上，習近平和普京一樣，都是利用經濟成就、炫耀軍事和科技上的國力，重振一種兵強國富的民族主義以鞏固統治威信。差別只在於普京能夠操縱和舞弄各種手段，透過選舉來鞏固自己強人統治的「正當性」。但是，中共把自己變成了資本家和官僚權貴的俱樂部，卻又不敢用民主選舉來驗證自己是人民的選擇，它就只能按「全權主義」的既有邏輯，把一切有政治意涵的符號體系都收編吸納在旗下。

捧成「聖人」的馬克思

在這種背景底下，馬克思主義和其他文化思想，例如念茲在茲期待保守主義復興的「政治儒學」，以及其他自視可以貢獻於文化維穩大業的各式宗教，都一樣會被讚揚高舉。在「中華文化偉大復興」的名義下，馬克思和孔子都是「偉人」，都是學習榜樣，都有高度道德情操，廣闊胸懷，貢獻自身於「人類命運共同體」。關鍵只在於，「聖人」化之後的馬克思，不可能是「造反有理」的啟蒙者，而是德才兼備預見全球化釋放先進生產力的預言家。

早一段時間，幾位北大「毛左青年」只是因為圍讀馬克思、毛澤東的書，並以此為據批判現狀，當局就大為緊張，加以拘押。可見，如果中共公然拋棄馬克思，名副其實地把共產黨改名，鼓吹階級鬥爭的馬克思主義就立即會成為造反者的利器。說到底，這是一個話語權的問題，要維持黨國權貴資本主義體制，首先就要保證它能自身按自己定義，按自己標準來製造出「共產主義事業接班人」。這也是一種「把反對者消滅於萌芽狀態」的手段。

馬克思對他自己的思想被粗暴扭曲挪用早有知覺，他有一名句：「如果有什麼是肯定的話，那就是，我本人不是馬克思主義者。」文化評論家齊澤克（Zizek）最近在一篇紀念馬克思誕辰的文章寫道：

在今天，對馬克思保持忠誠的唯一方式，不再是做一個「馬克思主義者」。我更認為，今日對這種忠誠最堅實的考驗，是在於我們如何看待中國，以及他們高舉的馬克思主義。

原刊於《明報》，二〇一八年五月十一日

天下大同於黃白耳，何言歧視？

二〇一八年除夕夜，中國的春節聯歡晚會的一個小品節目鬧出了涉嫌種族歧視的風波。[1]此事不但在大陸掀起熱議，在海外也持續引發爭論。外交部發言人一方面說這「似乎不是一個外交問題」，但另一方面卻又要擺出強硬姿態，放言指責有人借題發揮，挑撥中非關係。這年春晚極力要配合當前形勢，強調文化自信，把黑人也帶上舞台，為「一帶一路」大計鳴鑼打鼓的目的不言而喻。可是，最終卻鬧出種族歧視的風波，可謂過猶不及，「搬起石頭打自己的腳」。

春晚的「國家級種族歧視」

要一個國家的外交部去回應理論上只是一個娛樂的節目本來就有點荒誕，但春節晚會長久以來就是一個官方重點的宣傳工具，每個節目都有多層把關，卻仍然出了這麼嚴重的洋相，難怪有大陸網民評論說這是一個「國家級的種族歧視」。至少這件事讓世人都認識到，當中國上上下下都在發「中國夢」、「強國夢」之際，國際文化交往中一些很基本的禮節準則，中國的高層並不懂得如何拿揑。

有人為此窘態而辯解，說大部分中國人並沒有與黑人交流的實際經驗，也沒有經歷歐美般的黑奴、種族問題等，所以缺乏敏感度去了解他們的表演其實是在醜化非洲人。換句話說，節目的製作人並無種族歧視的目的，只是有人大驚小怪，甚至是錯誤地把只是適用於罪孽深重的白人的「政治正確」一套拿來中國。

固然，中國是漢人佔大多數的國家，歷史背景也和歐美有所差異，亦沒有黑奴問題，然而，把中國說成沒有種族主義問題的國度，恐怕是言過其實。有人甚至把種族主義說成只是（歐美）白種人才有的問題，筆者恐怕這種「掩耳盜鈴」／「一概與我無關」的態度，才是問題癥結所在。

1 節目中的中國女藝人把臉塗黑、刻意把臀部弄大來扮演黑人，但另外一名非洲裔表演者卻扮演猴子，毫不避諱地複製黑人種族的刻板印象。

事實上，醜化和敵視「非我族類」的「我族中心主義」（ethnocentrism）可以說是一種普世現象，當代首先出現於白人世界的「種族主義」意識形態，只是其中一種展現「我族中心」心態的方式。這種種族主義主張我們可以按生物上的遺傳特徵，把人分成不同的人種。人種類別又決定了同種成員的性情、智力、文化習慣、行為和能力，當中有些種族在本質上比其他種族更為優越，有更高的文明和文化，所以不同種族之間根本沒有平等可言。雖然種族主義的科學論證其實並不堅實，但種族主義者基於自以為「天生優越」的感覺，對其他種族加以輕蔑、醜化，貶之為野蠻，沒有文化，即為種族歧視。

中國文化自古以來就對不同族群施以差異對待，「我族中心」的思想被表述為「華夷之辨」。雖然沒有生物學、人類學、遺傳學的論據，卻少不了文化等級的意識。而當西力東漸，華夏文化的唯我獨尊的優越感備受挑戰，華人方由西方習取那套種族觀念以了解自身的位置。於是，以人種為基礎的種族主義，與以文化為基礎的「我—他」觀念開始混同。

晚清士人以「種戰」推動變革

晚清士人如嚴復、梁啟超、康有為等，借取大量當時西方盛行的社會達爾文主義和種族思想，收為己用，甚至大力以「種戰」（人種戰爭）來鼓吹危機意識，推動朝政改革，成為近代中國國族主義的基底。

如果說，當代歐美白人的種族主義是白人至上論，那近代中國改革派士人的「種戰論」並沒有挑戰白種人的優越地位和其相關論據，也沒有顛覆白人與其他有色人種的優劣位階，代之以種族平等的世界想像，反而是努力將中國人劃為「黃種人」，並且論證「黃種人」方有能力在他日與白人一爭長短。

例如，八國聯軍時期於「自立軍起義」中被清廷所殺的唐才常就說過：「黃白智，紅黑愚；黃白主，紅黑奴；黃白萃，紅黑散。」而參與戊戌變法的梁啟超又如此論證過種族能力之差異，他說：「彼乎印度之不昌，限於種也，凡黑色紅色棕色之種人，其血管中之微生物，與其腦之角度，皆視白人相去懸絕，惟黃之與白，殆不甚遠，故白人所能為之事，黃人無不能者。」六君子案中就義的譚嗣同亦曾預言，在未來種族對抗的戰爭中，黃種人終將從

「黃白種戰」中脫穎而出。

黃白種族與棕黑種族之間，身處不同的位階——這種「人種」不能平等的大前提，竟亦成為這些「救國」知識分子構想未來理想社會的基本原理。以《大同書》的烏托邦主義而聞名的康有為就認定，在大同世界，只有黃種和白種存在，而黑人是等級最低的人種，一定會受淘汰，或者要經各種方式消滅：包括獎勵白人、黃人與黑人雜交，把黑人的後代變成棕色的「改良人種」，或者把他們遷移離開熱帶，改變他們的飲食，最後就是給他們「斷嗣之藥以絕其傳種」。要經歷這些「沙汰」劣種的過程，世界方能真正邁向「大同」。

一如台灣國立政治大學的楊瑞松教授在他的著作《病夫、黃禍與睡獅：西方視野的中國形象與近代中國國族論述想像》中論證，雖然西方的「黃禍論」是典型的種族歧視論說，在十九世紀末不斷從負面的角度醜化亞洲人，然而在近代中國卻是大行其道，甚至被調整為那些自認為「黃種」的中國人，獲取一種自我想像與白種人具有同樣優越地位的論述。足見近代中國人並非自外於（白人世界的）種族主義，相反地是深深地透過與種族主義的世界觀糾結周旋而建立關於當代「中國人」的身份認同。

梁啟超：開通非洲的偉業

今年又是戊戌之年，距離康有為、梁啟超發起維新變法的那一個戊戌，已經走過兩個甲子。當年梁啟超雖然痛感清廷身處西方挑戰的危局，推動以「保國、保種、保教」為目的的維新運動，但他並沒有得出「要打倒一切帝國主義」的結論，或者認同殖民地上「所有被壓迫的人民」。反而，他頗為「高瞻遠矚」地認為西方因為人口不足，並不能完成「開通」全球的偉業，所以才會垂涎中國這塊「已闢之地」。他帶著同情地指責歐人「巧智攘奪，其無道固可憤，其無力亦可憐也」。

他接著問道：「他日能有實力以開通全世界者誰乎？即我中國人種是也。白人驕而不勞，黑人稷（棕）人惰而無智慧。然則此事舍我黃人不能任也。北米（美）與澳洲，今為白種人殖民地之區域。南米（美）與非洲，他日必為黃種人殖民地之區域，無可疑也。謂吾不信，請觀其後。」

兩個戊戌之後，在中國推動政制「維新」仍然有殺頭之危。可是梁啟超「開通」非洲的宏願，似乎已經開始實現。或者，只有「國家級的種族歧視」才配得上這個屬於黃種中國人的世代！

原刊於《明報》，二〇一八年二月二十五日

歷史・紀念

記守常初心・念百年革命

今年（二〇一七）是俄國革命一百周年紀念。對近代的中國人來說，「十月革命」的意義不言而喻，因為正如毛澤東曾經說過：「十月革命一聲炮響，給我們送來了馬克思主義列寧主義。」當今仍然統治中國的是中國共產黨，它就是十月革命送來的馬列主義思想所指導而成立的。中國共產黨剛剛開完了「十九大」，不無湊巧地也宣稱一個「新時代」已經來臨。

要說「新時代」來臨的氣息，不能不回顧當年的俄國十月革命。一九一七年在俄羅斯發生的變化，對當其時汲汲於在外洋思想中找尋歷史指南針的知識分子，不啻是一下迎頭棒擊。他們視歐美為帶來先進文明的先生，自己是虛心學習的學生。但帝國主義橫行的現實，令他們感到困惑。毛澤東就問道：「為什麼先生老是打學生？」

李大釗：十月革命超越愛國主義

十月革命訴諸反帝，要通過一種徹底的「社會革命」建立一種「新的文明」。對民國成立後亂象紛呈的局面感到苦無出路的知識分子來說，十月革命就恍如沙漠中的一道清泉。最為心動的要數李大釗（字守常）和陳獨秀（字仲甫）。李大釗當時是刊物編輯，後來成為北大圖書館主任，陳獨秀則是北大教授。兩人都是中國共產黨的創始人。

李大釗對馬克思主義的理論興趣相當濃厚，可是他觀察十月革命的爆發之時，還未掌握馬克思主義的分析方法和系統理論，反而是相當直率地用比較歷史的角度，歌頌十月革命如何帶來一個「新時代」。他在〈法俄革命之比較觀〉一文寫道：

> 法蘭西之革命是十八世紀末期之革命，是立於國家主義上之革命，是政治的革命而兼含社會的革命之意味者也。俄羅斯之革命是二十世紀初期之革命，是立於社會主義上之革命，是社會的革命而拼著世界的革命之彩色者也。

俄國革命是動搖社會的革命，時人每抱懷疑態度，因為它沒有依賴維持全國人心的「愛國精神」。但李大釗加以駁斥，說道：「俄人今日，又何嘗無俄羅斯人道的精神，內足以喚起其全國之自覺，外足以適應世界之潮流，倘無是者，則赤旗飄飄舉國一致之革命不起。且其人道主義之精神，入人之深，世無倫比。」他對俄國十月革命的精神基礎十分推許，認為其超越了法國大革命狹隘的愛國主義。他寫道：「法人當日之精神，為愛國的精神，俄人之今日精神，為愛人的精神。前者根於國家主義，後者傾於世界主義；前者恆為戰爭之泉源，後者足為和平之曙光，此其所異者耳。」

李大釗對法國革命和俄國革命皆有讚揚，認為它們都不只是個別國家人心變動之表徵，而是反映全世界人類普遍心理變動之表徵。只是一個發生在十九世紀，另一個發生在二十世紀，但前者的國家主義已被後者的世界主義所超越。

另外，李大釗又在〈庶民的勝利〉的文章，把十月革命發生的背景，亦即第一次世界大戰作為評價十月革命的依據。他認為第一次世界大戰以德國戰敗而結束，並不是哪一個國家的勝利，也不是「聯合國」〔亦即「國際聯盟」（League of Nations）〕的勝利，而是庶民的勝利。

他說：「歐洲的戰爭是『大……主義』與民主主義的戰爭」，「大……主義」在全世界都有，「我們中國也有『大北方主義』、『大西南主義』等等」。但「『大……主義』就是專制的隱語，就是仗著自己的強力蹂躪他人欺壓他人的主義。有了這種主義，人類社會就不安寧了」。抵抗這種強暴勢力的橫行，乃靠著互助的精神，提倡一種平等自由的道理。這等道理，表現在政治上，叫做民主主義，「民主主義戰勝，就是庶民的勝利。社會的結果，是資本主義失敗，勞工主義戰勝」。

李大釗在〈Bolshevism 的勝利〉一文中，繼續闡發他閱托洛茨基的心得，認為在歐戰當中，戰爭引發了革命，無論在德國還是俄羅斯，都是因為交戰國國內爆發了革命，才帶來了戰爭的終結。在俄國，沙皇尼古拉二世（Nicholas II）被處決，最終讓布爾什維克上台。在德國，左翼的社會民主黨宣佈成立共和國，廢除德皇威廉二世，開啟德國的「威瑪（Weimar）時代」。在這些隨戰爭而帶來的「革命新紀元」中，俄國革命只是一個世界革命的導火線，因為無數革命將連續而起。

一百年前的李大釗是如此熱情洋溢地迎接這個「新時代」：

在這世界的群眾運動的中間，歷史上殘餘的東西，什麼皇帝咧，貴族咧，軍閥咧，官僚咧，軍國主義咧，資本主義咧，——凡可以障阻這新運動的進路的，必挾雷霆萬鈞的力量摧拉他們。他們遇見這種不可擋的潮流，都像枯黃的樹葉遇見凜冽的秋風一般，一個一個的飛落在地。由今以後，到處所見的，都是 Bolshevism 戰勝的旗。到處所聞的，都是 Bolshevism 的凱歌的聲。人道的警鐘響了！自由的曙光現了！試看將來的環球，必是赤旗的世界！

百年前馬列主義今變幼嫩天真

百年彈指一揮，當年李大釗所理解的馬克思主義列寧主義，如果用今日官方化的馬列正統理論，以及毛澤東及鄧小平多番的「中國特色化」修正史觀看來，自是幻嫩和天真。他為十月革命而歡呼鼓舞的，竟然是超越愛國主義的人道主義精神，竟是追求平等自由的「庶民」的勝利，竟是超越「大……主義」的民主主義。他以為「赤旗」所代表的是自由，更加以為托洛茨基的「新時代」預言會實現：十月革命只是無數革命即將連續而起的導火線，只是世界革命的其中一個。

李大釗在寫這些文章之時，當然也未能預見戰友陳獨秀後來的命運。仲甫雖然坐過國民黨的大牢，但也因為「托派」的罪名，被聽命於斯大林「肅托」路線的中共所排拒整肅，更被污名為「漢奸」。

今年李大釗、陳獨秀有份參與創立的中共召開了他們的「十九大」。習近平在他的報告中聲言「毋忘初心，牢記使命」。但很顯然，李大釗、陳獨秀的「初心」並沒有被回顧、正視甚至平反的權利。

「新時代」是一個很奇怪的時間佈署，因為宣稱一個「新時代」的來臨，既有開展一套全新的、未見過的將來的「向前看」意味，也有宣佈舊的、傳統的、過去了的一律作廢，不再有效的聲明。在這前提下，「十九大」以「新時代」「中國特色」這「雙重修飾」（double qualification）來限定「社會主義」，其意味已不再是承認有「社會主義」這些普遍價值，我們只是以「中國特色」來選擇我們通向這些普遍價值之路，相反地，更有「舊的」社會主義價值通過時，聽候「新」的時代重新推倒重來的意味。

李大釗的「革命新紀元」想像，把舊事物的命運看成「都像枯黃的樹葉遇見凜冽的秋風」，可是習近平「站起來——富起來——強起來」的公式，卻牢牢緊守「發展主義」「富國強兵」的無上律令。倒是人道、民主、庶民、自由等等，在「赤旗」漫天舉起的當下變成了「枯黃樹葉」，揚起這陣「凜冽秋風」的竟是守常先哲所痛恨的「大……主義」！

原刊於《明報》，二〇一七年十月二十九日

「聖人」「豪傑」說十月革命

一百年前的俄國革命對中國的影響深遠。這場推翻沙皇的革命除了啟發李大釗、陳獨秀等人矢志追隨馬克思主義，成立中國共產黨之外，對中國的最重要影響還是改變了孫中山。

自創立同盟會以來，「驅除韃虜，恢復中華，創立民國，平均地權」一直都是孫中山的理想。可惜，民初的亂局，包括袁世凱稱帝、宋教仁遇刺等，令孫中山大為失望。他拒絕戰友黃興的建議，以法律程序解決爭議，在實力不足的情況下力主起兵討袁，決意進行「二次革命」。失敗後，流亡日本，在多位老同志反對和杯葛底下，組織一個欠缺群眾基礎的中華革命黨，放棄興中會、同盟會時期的「革命小團體大拼盤」的組織方式。

孫中山的轉向：革命成敗在服從

孫氏堅持，過去革命的失敗，在於他雖有革命的意志，但無法令其他人服從，病因在於組織方法。他認為「當時黨員雖眾，聲勢雖大，內部分子意見紛歧，步驟淩亂，既無團結自治之精神，復無奉令承教之美德，致黨魁則等於傀儡，黨員則有類散沙」。

孫氏更把問題追究到平等自由的價值本身，逆反過去秉持的原則，一意在新的革命黨中強調服從。他說：「凡人投革命黨中，以救國救民為己任，則當先犧牲一己之自由平等，為國民謀自由平等，故對於黨魁則當服從命令，對於國民則當犧牲一己之權利……是以此次重組革命黨，首以服從命令為唯一之要件。」

不過，最為匪夷所思的是孫氏關於黨籍和公民權的構想。按他的設計，中華革命黨之黨員，按入黨時間先後，分為三類：首義黨員、協助黨員、普通黨員。革命成功之日，首義黨員可成為「元勳公民」，擁有一切參政、執政的優先權利；協助黨員可成為「有功公民」，擁有選舉及被選舉權；普通黨員可成為「先進公民」，享有選舉權利。而非黨員在軍政、訓政時期，並沒有公民資格。須待憲法頒佈之後，才能成為「一律平等」公民。

俄國革命爆發的一九一七年，張勳企圖重新擁立清廢帝溥儀復辟，孫中山以維護《臨時約法》之名，在廣州組織軍政府，謀求北伐，但軍人干政。孫中山更感到自己不能領導一場成功革命的恥辱。

根據日本學者池田誠的歸納，俄國革命對孫中山的影響在於：一、他承認俄國革命的成功在於它不單是一場政治革命，還是一場社會革命；二、他認為革命黨人和革命黨組織的訓練問題，與軍事勝利同樣重要，但「軍隊革命成功非成功，黨人革命成功乃真成功」；三、俄國革命展示「主義」的力量，因為主義才能結集黨員力量，全體一致。

列寧是聖人，我是中國救世主

俄國革命後兩年，即一九一九年，也是五四運動爆發的同年，孫中山改組中華革命黨，成立中國國民黨。深受五四激進學生抗議氛圍影響的孫中山，更在一九二二年與蘇聯建立聯繫，確立「聯俄容共」政策，接受蘇聯援助。他對俄國革命的評價，很充分地在一九二四年《對黃埔軍官學校告別詞》中反映：

俄國近來革命之所以成功的道理，就是由於打消無政府的主張，把極端平等自由的學說完全消滅。因為俄國有這種好主張，所以他們近來革命的效力，比較美國、法國一百多年以前的革命之效力還要宏大，成績還要圓滿。他們之所以能夠有這種美滿成績的原因，就是由於俄國出了一個革命聖人，這個聖人便是大家所知道的列寧。他組織了一個革命黨，主張要革命黨有自由，不要革命黨員有自由。各位革命黨員都贊成他的主張，便把各位個人的自由都貢獻到黨內，絕對服從革命黨的命令。

在演講中，他除了歌頌俄國如何克服了無政府主義還批評了總是失敗的學潮：

我們中國人講平等自由恰恰是相反，無論什麼人在那一種團體之中，不管團體先有沒有平等自由，總是要自己個人有平等自由。這種念頭最初是由學生衝動，一現成事實之初，不知道拿到別的地方去用，先便拿到自己家內用，去發生家庭革命，反對父兄，脫離家庭；再拿到學校內去用，鬧起學潮來。……口口聲聲總是說革命，實在不知道革命究竟是一回什麼事。

孫中山把列寧比附為「革命聖人」的想法，的確是「馬克思主義中國化」的一大創見。因為在中國，能夠推動歷史的大概不是「聖人」，就是「豪傑」。的而且確，孫氏還曾對日本朋友宮崎滔天（帶著一種「未食藥」的「國師」口吻）說道：「中國人都不行，只有我一豪傑，我是中國的救世主，所以必須服從我的命令。」

早在中華革命黨籌組時期，黨內已有聲音要求刪除誓約中「服從孫先生」之詞，改為「服從領袖」，但也被孫中山拒絕：「老實說一句，你們許多事不懂得，見識亦有限，應該盲服我。我絕對對同志負責，決不會領導同志向專制失敗路上走……我敢說除我外，無革命之導師。」

俄國十月革命後的孫中山，最重要的改變就是由親英親美變成「親俄」。但事實上，早期的孫中山對共產主義毫無興趣，並且批評馬克思，也認為自己主張的三民主義方合乎中國國情。但俄國革命的勝利，使他開始動搖。不是說他轉而接受共產主義的目標，而是把俄國經驗解讀成純粹是「革命的方法」，就好像「方法」是中性的「政治工具」。再而在與蘇聯接觸，求助於蘇聯援助之後，更開始對共產主義和他自己的民生主義之間的異同含糊其辭。

不過，更大的問題是，孫中山並沒有從原理上了解列寧的革命理論或「民主集中制」，也沒有仔細的深究布爾什維克在俄國革命過程中扮演過什麼角色，更缺乏對「俄國社會民主工黨」黨內如何處理黨內矛盾的認識，了解他們如何進行不同革命策略之間的辯論。相反地，抱著一種「他們成功，我們失敗」的失敗主義的情緒，孫氏把焦點放在中國的政治只會享用自由，卻缺乏服從精神，把他自己的焦慮投射到俄國革命之上。他說：

我們同志的思想見識過於幼稚，常出無謂的誤解，所以全黨的團結力便非常渙散，革命黨因此失敗，應該把黨員個人的自由奉獻革命黨，遵守黨內紀律，服從黨內命令。

這種簡化理解的問題是：革命仍只是一個紀律和命令能否執行的問題。但有紀律、會服從是否就是革命？能否是一種追求民主的革命？

「聯俄容共」種禍左右獨裁

事實上，一九一七年的俄國提供了革命當中紀律和民主之間的關係的絕佳個案，也是一百多年以來，環繞列寧與托洛茨基，環繞孟什維克與布爾什維克，環繞馬克思主義與民粹主義之間，產生持久的論辯和研究的原因。孫中山對俄國經驗的「工具主義」解讀，無助於中國國民黨從俄國經驗中吸取有助反思的養分，反而急就章地發展出一種極壞的楷模和依附的關係，種下「聯俄容共」的禍根。

「聯俄容共」這項失敗的政策在中國製造出兩個革命先鋒型的政黨，先後變成一左一右獨裁，殘酷的清黨打開了數十年「難兄難弟」的相爭，血污猶如「大江大海」。

這年頭，青年愛談「革命」，卻往往不知所云。從十月革命與孫中山的互動個案，我們或者可以思考更多。

原刊於《明報》，二〇一七年十一月五日

革命已死，在荒謬中反抗

今年（二〇一七）是香港移交主權二十年，也是六七暴動五十周年，不過，我們容易忽略的是，今年也是俄國布爾什維克革命一百周年。

筆者最近去了天邊外劇場觀賞新晉導演鍾肇熙執導的卡繆著名劇作《義人》（*Les Justes*）。該劇在兩年前以《正義弒者》這另一譯名以讀劇形式演出過。今天正式搬上小劇場，演出十分成功。《義人》創作於一九五〇年，劇的內容取材於一九〇五年俄國第一次革命中發生的刺殺 Sergei Alexandrovich 大公爵事件。史家公認，發生在這年的連串沒有明確目標的起義、暴動、罷工和刺殺，是一場失敗的革命，但卻是一九一七年終於推翻了沙皇的革命的先驅。《義人》也可譯作「正義的刺客」，卡繆在這齣戲探討了刺殺和恐怖主義的道德問題，在今時今日壓抑的政治氣氛底下，《義人》的演出特別具有意義。

整套戲分為五幕，由策劃炸彈刺殺、第一次刺殺失敗、第二次刺殺成功、刺客在獄中與公安局長和大公爵夫人周旋，以及最終刺客被問吊等五個環節組成。貫穿在當中的是就是兩場非常有張力的對辯，其一是發生在「社會革命黨」成員之間，爭論環繞在是否需要，以及如何能令「刺殺」不只是「謀殺」，而是一種「正義」的行為。其二是刺殺成功之後，刺客在拘留所與公安局長和大公爵夫人之間就懺悔、赦免、寬恕等問題而展開的周旋和爭論。

卡繆的勇武與和理非

這幾年來，由於雨傘佔領而出現的關於「勇武」與「和理非」抗爭手法之間的爭辯，隱隱然在主角 Yanek 和 Stepan 之間針鋒相對的對話中找到影子。前者認為參加革命的初衷是因為熱愛生命，殺人是為了建立一個不用殺人的世界，所以刺殺行動，不應傷及無辜。而後者則認為，革命不是革命者自我欣賞的機會，革命所求的是勝利的果實，犧牲是為了解放全世界，受苦的人才可得救。對 Yanek 來說，刺殺而傷及婦孺和小童，是令革命蒙羞受辱的舉動，因為它令人忘記初衷；但對 Stepan 來說，因無聊苦悶而參加革命，在行動之中卻又抱婦人之仁的人根本不應參加革命。被迫害的人根本沒有本錢講什麼榮譽，因為遭受羞辱打壓已是日常之事，所以革命者不應只顧手段光彩不光彩。歷史只站在勝利者一邊。

不少卡繆的評論人認為，Stepan是一個為求達到革命目的，手段是否合乎倫理只是其次的典型革命家，卡繆通過這個人物影射列寧，因為列寧把這種無情革命的原理貫徹地實現。而Yanek卻是列寧式革命濫觴之前的「反抗者」，他念念不忘革命的初衷是反抗，而反抗永遠只能建基於崇高的價值之上。他恐懼的是，如果Stepan的邏輯是對的話，以正義為名的反抗行動，只會同時製造下一個暴君。《義人》指涉的那場發生在一九〇五年的刺殺後，歷史證明了勝出的是Stepan。但「正義的反抗」卻沒有勝利，因為隨之而來令蘇聯誕生的十月革命，的的確確鋪墊了邁向斯大林主義的暴政之路。

而正是因為蘇聯的斯大林主義，令卡繆在一九五〇年寫下《義人》這個劇本，這齣戲也加深了他和巴黎那一班包括薩特（Jean-Paul Sartre）在內的左翼知識分子的分裂。因為這些每每以公義、自由和「革命需要」而高談闊論的左翼，還在坦護斯大林。直至蘇軍入侵匈牙利，仍然有人為蘇共（和支持他們的法共）護航。不過，更為使卡繆困惑的是在阿爾及利亞發生的反殖運動。身為一個移居阿爾及利亞的法國低下階層，他對法國殖民政策有極大不滿，但對反殖運動中游擊隊頻繁訴諸恐怖主義的手段，卡繆深以為慮。可是，巴黎那一班「離地」的左翼知識貴族，卻要擁抱革命同情者的光環，不斷為暴力反殖背書，視巴黎外圈的卡繆為政治不正確的反動派。

革命未治虛無延續荒謬

五十年前的「六七暴動」，香港也有一群以反殖大義而訴諸暴力的恐怖分子。當年他們以革命之名，放棄了倫理的判斷，投身於一個以為可以達致全盤社會正義的烏托邦計劃，把自己及他人看成只是一個偉大歷史進程的棋子。他們正是《義人》中Stepan一角的化身。在他們放棄獨立思考和倫理判斷以求一個用革命來救贖他們生命意義這方面，卡繆洞察出一種極致的虛無主義。這種虛無主義正是卡繆在其他作品中所反覆探討的「荒謬」的根源。「革命」不單不是克治這種虛無主義的藥方，因為它只會延續和加深這種荒謬——就一如我們當下活在一個由無數社會主義革命者的鮮血所建立起來的資本主義「強國」底下的荒謬。

革命的吊詭結局嘲弄了人以為能以自己之力，建造理想社會的那種妄自尊大。革命最終會變質，革命最終會被出賣……這些往往被保守主義者闡釋為反抗無用論，為形形式式的犬儒主義、苟活哲學辯說。可是，對卡繆來說，人世間種種的虛妄和根本的荒謬，並不證明

「反抗」沒有價值。恰好相反，卡繆正是要說明，正好是人世間充滿荒謬，「在荒謬中反抗」就是生命價值的泉源。這也是為什麼他要以「我反抗故我存在」來取代「我思故我在」的公式。他在《義人》一劇正是要區分出，除了終歸虛妄的「革命」之外，我們還有堅持以抵制荒謬為目的的「義人」。這些人反抗，甚至訴諸暴力而反抗，但是他們還是堅持，縱使艱難仍是要行使倫理判斷力，使「謀殺」這個行為可以配得上「正義」之名，而非逆「正義」而行只求「成功」的濫殺。

《義人》的第一幕，Yanek 和他那個製造炸彈的女朋友 Dora 熱烈地討論如何「以命抵命」來向世人說明他們的行為不能等同於謀殺，結果得出不殺無辜，以及投彈後不逃跑，不拒捕的方案，為自己的反抗劃下了道德底線。可是，在第四幕，大公爵夫人（以一個在 Yanek 的道德底線下逃過被殺命運的倖存者的身份）卻說：「你以為被你殺死了的大公爵是壞人，而你放生了的小孩是好人，但事實卻是相反。」

大公爵夫人所代表的是宗教，勸說罪人在上帝面前懺悔。因為離開了上帝，人根本無法審判自己，也不會找到任何可靠的道德底線。可是，Yanek 拒絕了宗教的勸降，並視之為一種試探。他拒絕以懺悔來交換赦免，因為他要抵抗在監獄之外，對他會否最終堅持以身殉難的懷疑。非常辯證和吊詭地，這種拒絕以宗教、上帝之名的招安與懺悔，堅持與塵世受苦者赴義同死，不忘反抗是為了實現人間大愛的行為，結果卻與宗教聖蹟一樣，把 Yanek 那些仍在反抗前線的同志團結起來，克服了他們軟弱、猜忌、懷疑，在士氣低沉的時候獲得了最強力的精神提振，連最膽小的女生 Dora 都決志參與投彈，作出極致的反抗。

拒絕投降，實現「正義的反抗」

俄國人推翻沙皇專制的起義，與香港六七暴動，都是卡繆「正義的反抗」哲學的現實參照。問題不在於它們都是造反失敗的案例，結論也不是投降認命。值得反思的其實是那些遮掩在偉大「革命」、「反殖」旗號底下的虛無主義，以及聲稱可以解救虛無主義的種種虛妄希望（解放大業）。

這個世界愈來愈荒謬，連劉曉波這個不投彈、不擲石的書生，這個世界稱許的諾獎得主都快要命絕於大牢，[1] 今天與殘暴的沙皇年代又有什麼分別？不過，這種種荒謬也令卡繆的思想或劇作愈來愈危險，不因為他鼓吹革命或者如何成功「有效地」革命（相反地他處處質疑革命），而是他指出了如何才是真正的反抗者。

原刊於《明報》，二〇一七年七月二日

1 二〇一七年七月十三日，劉曉波病逝。

六八已死，毋忘六八

今年（二〇一八）是法國一九六八年「五月風暴」的五十周年。這場由學生運動首先帶動的青年造反，被不少歷史學家和社會學家視為戰後影響世界發展的其中一項重大事件，其意義相當於一七八九年的法國大革命和一九一七年的俄國革命。如果一七八九是為人類帶來了「自由主義─資本主義」的方向，那一九一七所提出的是「馬克思主義─國家社會主義」的挑戰，則代表有別於前者的另一條道路。而一九六八年五月風暴的世界性意義，正是一種既否定前者，也否定後者，既不崇美也不親蘇的全新方向。

不過，如此突顯「五月風暴」的世界意義是有意思的話，那「五月風暴」所指的斷非單純是一九六八年五月在法國所發生的事，事實上，「五月風暴」只是一個時代象徵，所要指涉的其實是六、七十年代在全世界範圍內爆發的那股社會運動或革命造反的浪潮，亦即香港人所說的「火紅年代」。在這些風起雲湧的運動中，參與者是青年和學生。他們組織性薄弱，主要的訴求不是經濟上的利益，也非以推翻任何政府為主要政治目的。他們所領導的運動，不以特定的「民族」或者「階級」作為運動的主體，也沒有固定一套指導意識形態，甚至少有以國家、民族為界限，充滿國際主義精神。這些特點的群眾運動史無前例，老派政客和運動搞手都束手無策，一律變「out」。但也因為群龍無首，當年這些運動，在政治上爭取到的成果十分有限，而以法國的這場「五月風暴」來說，甚至可說完全失敗，但在社會和文化意義上，影響卻極為深遠。

拋開指導意識形態自發自主

法國的「五月風暴」源起於三月巴黎農泰爾（Nanterre）文學院的學生不滿學校宿舍的留宿規定，爆發了小規模的校園佔領。豈料事件愈燒愈大，巴黎的大學生都起來行動，與警方的衝突導致騷動發生，波及外省城市。工會介入並號召總罷工，結果有八百萬至一千萬人參與，巴黎就有八十萬人上街示威，群眾自發佔領工作場所，街壘戰火頭處處，癱瘓全國，並提出了要總統戴高樂（Gaullisme）下台的口號。可是，由於運動中派系林立，學生領袖也沒有明確目標，作為反對黨領袖的法共也膽小懦弱，於是保守派便利用暴動引起的不安情緒，號召親政府人士以大示威還擊，並提前大選，大勝而回，風暴因而平息。

雖然「五月風暴」沒有在政治上取得成功，但在文化思想上卻帶來巨大的震盪。因為它發生在高度發展的資本主義國家，參與者的訴求其實是自主生活，他們抗議管束，也不信服由老練政客操縱的政黨政治，和被官僚架空的議會民主體制。他們雖然滿口是「革命」的理論和詞彙，高唱《國際歌》，但是絕不信服正統馬列主義的「法共」以及這些老左派的先鋒黨理論。對他們真正有影響力的領袖，奉行的是「創勢主義」(situationist)、無政府主義者，其次是「托派」，最後才是「毛派」。

他們一邊是馬克思所講的「要改變世界」，另一邊是詩人蘭波說的「要改變生活」。當其時，街道上寫滿口號：「地磚底下是海灘！」、「沉悶是反革命！」、「禁止被禁！」、「權力歸於想像！」、「選舉？笨蛋的陷阱！」、「不要解放我，我會自己來！」……他們崇尚自發抗爭，不信任組織；他們要求真正的自由和民主，不信任制度和代理人；他們要自主地安排生活方式，公開爭辯政治，但非常抗拒被政治所騎劫和出賣。

火紅飄散燃點零散強韌運動

這波西方青年激進思潮其來有自，他們目睹「越戰」的瘋狂殺戮，古巴飛彈危機如何將世界推向核戰邊緣，他們對世界被冷戰所支配感到絕望，政治上找不到出路。他們反對戰爭，對第三世界的人民革命寄予同情，甚至帶有幻想，認為那些地方的人民可能比西方世界更有希望指向未來。他們拒絕遵從上一輩所界定的主流社會生活價值，崇尚平等，在家庭和性別關係中尋求真正徹底的解放。因為無論是美式或蘇式的現代工業文明，雖然勢成水火，爭奪世界霸權，但彼此卻是同謀共犯，製造異化疏離的生活，官僚管控的體制，破壞有生命力的文化傳統，也毀掉地球生態。於是，在「革命」浪潮低落之後，「五月風暴」或「火紅年代」的能量卻迅速轉化成零散但強韌的多元社會運動。反種族主義、女性主義、環境保護、抗衡文化等等，影響持續至今。

不少社會學理論家均視「五月風暴」為文化和社會上「後現代」社會運動的發端，或總稱這些運動為「新社會運動」，重點是它們既不是與體制妥協的「改良」，也非要全盤推翻體制的「革命」。改良和革命都不可取，因為兩者都欠缺真正能抓到問題的根基，深入其底部的「基進性」。所以，如果缺少社會及文化的「基進」改造，任何「激進」的（政治）「革命」都最多只能取得表面上的短期勝利。舊體制的復辟、回朝遲早一定會出現，被壓迫者的翻身只會做就新的壓迫者，對舊階級的革命只會孕育新階級。

五十年過去了，作為西方「新左翼」出場時刻的「五月風暴」慢慢被淡忘，只是歷史書上的一章，或者殘留為那一代人的集體回憶。可是，半個世紀之前早給「新左翼」指出的全球危機並沒有過去或消失，反而更為嚴峻，只不過，這些危機今天所引發的並不是「左翼」思潮的興旺，反而是世界「大右轉」的浪潮。然而，這種全球倒退不正好證明了真正具基進性的叛逆尚未成功，過去的所謂「革命」都證明了是完全失敗，復辟、回朝的迅猛，壓迫者和被壓迫者之間的輪迴轉世，快速得令人目眩。

造反不是革命神話

今年（二〇一八）恰巧也是馬克思冥壽二百年。當波蘭、烏克蘭等地近年紛紛清拆象徵共產主義時期建立的建築或雕像，中共卻把一座巨大的馬克思銅像送贈他出生的故鄉，但在中國，卻連工人自由組織工會都是不合法。我們不是親身見證著，歷史的倒退真的可以無極限嗎？

十年前「五月風暴」四十周年之際，當年的學生領袖康本迪（Cohn-Bendit）發表一個講話，題為《忘記六八》。他憶述當時布希亞（Baudrillard）（也是農泰爾的教授）給他的忠告：「不要給極左派操縱，破壞一切你所創造出的可能事物。」他將「五月風暴」定位為兩個歷史時代的交替，既要反對保守主義，也要反對極權主義。他承認「五月風暴」沒有暴力奪權的準備，但在文化上卻擊中法國社會的要害，今日已經取得不少的成就。但他認為，我們今天面對的已是另一個世界，關於一九六八，我們需要的不再是關於它是一場「革命」的神話，相反地，六八年五月是一場造反（revolt），象徵著一切革命神話的終結，只是為了以後各種自由解放運動鋪路。

然而，當我們把焦點從法國移開，在地球這邊的我們所經歷的，卻是保守主義與極權主義明目張膽的雙重夾擊。火紅年代的想像和記憶正是一再被扭曲、改寫、移花接木、漂白抹黑，造就關於「理想主義」的混淆視聽。「五月風暴」式的自發主義抗爭，雖然沒有被指認出來，卻不知不覺地在雨傘佔領、旺角騷動的街頭實現，儼然是一場錯掛了旗幟的五月巴黎。只是，隔代時空底下同樣的迷惘，實在叫人難言「忘記」。我們需要的，可能正是要借助「五月風暴」的正反經驗來重建歷史意識，以重新識別發生在我們周遭的一切。

六八已死，毋忘六八。

原刊於《明報》，二〇一八年五月六日

布拉格之春五十年祭

今年（二〇一八）是捷克「布拉格之春」五十周年。一九六八年一月，由捷共改革派領袖杜布切克（Dubcek）推行的政治經濟改革運動，稱為「帶人性面孔的社會主義」，亦即試圖在一個社會主義國家內部推行民主與自由的改革，在經濟上引入更大的市場競爭。改革的總目標是讓捷克的社會主義擺脱蘇式斯大林體制：大規模地平反早前的政治冤案，釋放在囚的政治犯，放寬官方對新聞媒體的審查，容許自由學術討論，引入部分的民主選舉。可是，這場改革只存在了半年，八月二十日蘇聯及華沙條約國的軍隊，乘著六千多部坦克直搗捷克各地，打死數百抵抗入侵的捷克人，「布拉格之春」亦悲壯地被粉碎。

有革命之實遠非「青年反叛」

這場被碾碎的改革對世界影響深遠，被歷史學家視為一九六八年世界反體制運動浪潮的有機組成部分。事實上，在當年各地不同形式的抗爭當中，只有捷克這邊具有真正動搖舊政治體制的「革命」性質，遠非一場「青年反叛」。當然，「布拉格之春」也是一個失敗的革命，之後捷克經歷了超過二十年的消沉，直至一九八九年的「天鵝絨革命」將捷共的統治推翻。「布拉格之春」之所以具有乾坤易轉的歷史意義，在於它宣告蘇式社會主義已經窮盡了它的改革可能，全面崩解是它的唯一出路。所以可以說，布拉格之春之「失敗」其實是預示和準備了一九八九年的「蘇東波」。

在某個意義來說，「布拉格之春」也是一個由知識分子首先發起的運動，因為當時捷克知識分子藉著文學帶領社會抒發對體制的不滿聲音，當中知名的作家，例如昆德拉（Kundera）和哈維爾（Havel）等，尤其起著開輿論風氣之先的作用。體制內的作家，諸如「作協」主席之一的昆德拉，就在那些官方平台上發表了不少批判性的意見，這些意見刊登在發行量有數十萬份的文學報刊上，這些報刊成為了批評共黨統治的主要舞台，鼓舞了人民對政治改革的熱情。而在體制外的異見作家如哈維爾，則更大膽地提出開放黨禁的主張，並且認為要「對權力展開公開而合法的競爭」。當時捷克的狀況，不禁令人想起「鳴放運動」期間在中國發生的事，而兩者都逃不了最終被鎮壓的悲劇。

「布拉格之春」被軍事力量粉碎之後，改革派和較激進的抗爭派立即開展了爭論，直至一九六九年四月胡薩克（Husák）上台取代杜布切克，開展了「正常化」時期，無論是溫和的改革派還是激進的抗爭派全都受到打壓。曾擁護改革的知識分子失去原有職業，被禁發表文章和作品，不少流亡海外，當中包括後來以《生命之中不能承受的輕》而在海外知名的昆德拉。昆德拉與哈維爾雖然同樣開罪政府，但兩人之間的爭論，一直成為關注東歐狀況的人最感興趣的話題，當然也是兩人的文學與思想評論最重要的題目。因為無論是在正式的評論、講話，還是在兩人的作品當中，或明或暗地都貫穿著二人針鋒相對的見解和判斷。

昆德拉 vs 哈維爾

作為一名原來在體制內的作家，昆德拉對政治的主張原就是比較溫和。在他被打壓之後，也沒有和其他受害作家在抗爭行動合作過。在「布拉格之春」還未發生之前，他在作協的發言就把捷克面對的困難，理解為「小民族」在「大民族」面前如何自處的問題。他認為歐洲的大民族塑造了歐洲歷史的主流，他們的存在是不證自明的，但捷克卻甚至連自己的語言和歐洲身份也不確定。這些小民族要靠建構新的價值來證明自己有權以民族的身份獨立存在。不過，他認為像捷克和斯洛伐克這些小民族，在不同文化價值系統之間經歷過種種被撕裂和瓦解的苦難磨練，他們其實更有智慧尋找生存之道。世界能否給予這些充滿文化潛力的小民族自由的空間去生存，是這些小民族向世界提出的挑戰。

在蘇軍佔領下，他發表了〈捷克的命運〉一文，表示對未來仍然充滿信心，他認為捷克人團結地支持改革，足證捷克愛國主義不是一種盲目的狂熱，而是扎根於民族的「批判思考」傳統，讓他們辨別幻想，也拒絕僵化思維。

流亡法國之後的昆德拉，慢慢把他關於大小民族之間關係的思考豐富起來，申論捷克民族的命運其實是預示著整個中歐的命運。俄羅斯對中歐小民族的霸凌，其實是歐洲被吞噬的開始。他認為小民族具有一種獨特的視野，能夠看穿「大寫歷史」的虛幻。

可是，長期被排斥在體制外的哈維爾卻認為，昆德拉展現的是典型的捷克式近視症，只看到過去的光榮卻忽視了眼下的迫切需要。他所推舉的其實是一種「冷漠的愛國」，把苦難當作道德勝利來接受。哈維爾認為這種「民族命運」的思想是「危險的」，因為它讓人沉緬於過去的文化傳統，卻缺乏勇氣去開展真正的批判工作，並塑造民族的未來。對於昆氏的中歐命運論，哈維爾不以為然。他認為這類先知式的文化預示論，只不過是抽象的觀念，著迷於文化的「本質」，只是為了掩飾事物明顯的原因，偏離真正的問題，無法使人免除意識形態的偏見和幻覺，也忽視了個人的具體責任。因為弱小民族總有近似的共同經驗，毋須訴諸捷克或中歐這些地域獨特性的修辭。

哈維爾和昆德拉之間的分歧，明顯地是基於在極權高壓底下對政治反抗行動究竟應如何取態的差異。在布拉格之春後，哈維爾積極投入哪怕是毫無具體成果的「反抗」，實現他所說的「無權勢者的力量」，主張以「活在磊落真誠之中」（living in truth），以批判由謊言構成的體制。他所發起的《七七憲章》聯署正是這種「否定政治的政治」的典範。但昆德拉對於這種毫無實效的簽名表態、道德吶喊並不欣賞。在〈激進主義與風頭主義〉一文，他更把哈維爾與統治者胡薩克相提並論。胡薩克指責「布拉格之春」是由於「浪漫主義因素、浪漫主義的譫妄進入了我們的政治生活，人們談論這世界上尚未見過的自由與民主」，但捷克人只應求國家政治生活的「正常化」。

昆德拉認為，哈維爾那種反抗其實是基於絕望，只是為了揭露這世界的不道德和無可救藥，而這只是一種道德上的風頭主義。但他的冒險只會使事情更為無望。為了實現捷克民族所擁有的有限可能，避免斯大林主義的復活，捷克人實不應像哈維爾那樣，因為「他最大的勝利就存在於他激情捍衛的事物的失敗之中」。簡單來說，他認為哈維爾的道德反抗只是一種「失敗主義」。

「布拉格之春」是發生在五十年前的事，好像相當遙遠。但當年捷克有志之士所面對的處境，對「後雨傘」快步邁向威權體制的香港人來說卻是愈來愈近。當年哈維爾和昆德拉之間的辯論，並非關於文學的空論，今天更是一些寶貴的思想資源，讓我們因應著當今處境進行實存的選擇。

原刊於《明報》，二〇一八年八月二十六日

媚俗・刻奇・偽崇高

五十年前的布拉格之春，代表著最後一場東歐國家民主改革嘗試，捷克人試圖在不挑戰國家的「社會主義制度」前提下，擺脫蘇聯斯大林主義的控制。他們寄望於改革，並沒有提出推翻制度的要求。這種溫和路線獲得體制內開明人士的大力支持，杜布切克把改革路線命名為「帶人性面孔的社會主義」，他們於體制外也得到了渴求自由的人民的呼應。

昆德拉：從主張溫和改革與維穩

鍾情於這套改革理想的知識分子如昆德拉等，一方面批評斯大林主義的消極面，把蘇聯和捷克之間的差異，表述為民族的大小和文化差異的問題，但另一方面，在提出實施多項改革和自由權利的同時，仍然強調「黨的絕對領導」，也大力批駁較為進取的主張，例如哈維爾等人提出的多黨制民主等。這些改革派的目的，是希望把人民對改革的期望，收窄在一個能夠照顧現實，不會過分刺激蘇聯的幅度內進行。

事實上，布拉格之春進行期間，熱烈的氣氛主要反映在輿論領域，捷克街頭從未發生過騷亂和大規模的動盪，和平改革社會主義成了全民共識。可是，捷共內部的斯大林主義者和蘇聯的強硬派卻惴惴不安，最終發生軍事入侵的悲劇。佔領發生之後，杜布切克被帶到莫斯科，被迫承認駐軍合法，並准予回國收拾殘局，可是人民反佔領的怒火已難以撲滅。這時候，昆德拉發表〈捷克的命運〉一文，重申他對「民主社會主義」的理想，是本乎捷克的歷史傳統，並且比資本主義的種種弊端更為優勝。「布拉格之春」是一場影響深遠的社會實驗。

不過，更令人議論紛紛的是，他更認為「八月事件」（指蘇軍入侵）不是一場災難，雖然捷克正進入一個不確定時期，但「法治觀念已經深入人心」，捷克人應當保持平靜。他更說，現在捷克人再次面臨如何生存下去的選擇，政權已經得到穩固，沒有表現出倒退和壓制的跡象，更說「沒有人因他的觀點而被封殺」。更謂，「布拉格之夏的意義最終也許大於布拉格之春」。

不過，可嘆的是，堅定地支持「帶人性面孔的社會主義」的昆德拉，雖然在佔領底下仍然為新秩序「維穩」辯護，卻無法阻止形勢進一步惡化。翌年一月，布拉格發生了大學生帕拉赫（Jan Palach）的自焚抗議，全國再掀起抗議浪潮。到了四月，胡薩克終於取代杜布切克，用強力施行「常態化過程」，在全國發動政治清洗，改革派被大批清算。原來以為可以用置身事外的眼光，以「文化」、「民族」、「歷史」的眼光看待「八月（佔領）事件」的昆德拉，也被剝奪了發表作品的權利，他更在一九七五年移居法國，只餘哈維爾等更多作家留在國內作出零星抗爭。

事實上，移居法國後的昆德拉，一直都在他的作品中展露他對「為正義而抗爭」的抽離。這種抽離讓他更容易被文評家歸類為一個探索「存在主義」哲學的作家，他在小說的政治思考又往往只是以美學理由來討論。例如，他在《生命中不能承受的輕》（*The Unbearable Lightness of Being*）一書最備受討論的，是那些糾纏於情慾與政治之間的眾生，當中最關鍵的一個字彙就是 kitsch——這個字一般被譯成「媚俗」。但一如南京大學教授景凱旋所指，「媚俗」的譯法和昆德拉原意剛好相反。

西方左派：媚俗？偽崇高？

「媚俗」的例子是，當有人要講文學，他就給你羅列一堆知名作家的名字，或者以銜頭和學歷來取代有內涵的評論，這是典型的「媚俗」（這些人在香港寫字人中毫不陌生），但昆德拉要諷刺的其實是「偽崇高」（應直接音譯為「刻奇」），亦即一種「偉大而不真實的激情」，例如句句民族尊嚴、母親與祖國、人類的幸福，或者言必捍衛高尚、反對庸俗等等（香港的政界、教育界、學術界已愈來愈多見到這種「刻奇」）。在昆德拉銳利的懷疑主義的眼光下，這種「偽崇高」比起「俗」更要不得，因為今天我們面對的極權主義，沒有不是從某種「刻奇」開始。昆德拉小說中的人物，往往都是從不同的角度展現了「刻奇」，他甚至認為「刻奇」就是人類境況的一個組成部分。

例如，在《生命中不能承受的輕》，作者就花了一章辛辣地諷刺了「左派」的媚俗。他寫道：

> 弗蘭茨如此陶醉於偉大的進軍，這種幻想就是把各個時代內各種傾向的激進派

糾合在一起的政治刻奇。偉大的進軍是通向博愛、平等、正義、幸福的光輝進軍，儘管障礙重重，仍然一往無前。進軍既然是偉大的進軍，障礙當然在所難免。……

把一個左派造就為左派的，不是這樣或那樣的理論，而是一種能力，能把任何理論都揉合到稱之為偉大進軍的「刻奇」中去。

毫無疑問，昆德拉這裡嘲諷當時某些西方左派的「偽崇高」是十分深刻的，而且至今仍然有效，特別是那些對「中國模式」情有獨鍾者。然而，當昆德拉把「刻奇」形容為一種「人類境況」的組成部分時，卻有概略化和去歷史化的傾向，把在反抗中啟發反抗的崇高理念，與對崇高符號投機式的趨附等同起來。

例如，一位批評昆德拉的捷克評論家容克文（M. Jungman）就直指，昆德拉在《生命中不能承受的輕》中其實是把布拉格之春的歷史輕輕帶過，給蒙混過去的正是作者本人的共產黨背景。他更認為，在一切都約化為「刻奇」的名義下，正是作者把自己在布拉格之春發生之前的一切都給遺忘及遮抹掉，而這一切剛好就是使他成為一個社會主義文化體制同謀者的一切。他又指責外國的文評界對昆德拉欠缺了嚴謹性和批判思維。

或者，這位曾經身為布拉格之春指戰刊物《文學報》主編的評論者，把昆德拉的作品和真實歷史之間的關係看得太緊密了，但也足夠說明，為什麼昆德拉在海外知名度那麼高，但卻不那麼為捷克的讀者接納。對西方讀者來說，昆德拉的作品對於撕破極權主義假面的確十分有力，但就僅止於一種原理上的了解和同情。

批評是否自我開脫？

事實上，昆德拉在小說中也曾寫道：「任何一個認為中歐某些共產黨當局是一種罪犯的產物的人，都忽略了一個基本事實：那些罪惡的政權並非由罪犯而是由那些熱心人士組成，這些人曾認為自己已經發現了走向天堂的唯一路徑。」大部分外國的讀者或者只能讀出一種像海耶克（Hayek）所說的名句「往地獄之路往往是由善意組成」之類，卻未必能體會，這也許是昆德拉寄託的自況之言。可是那些當年與昆德拉在同一戰壕上的，卻不能滿於這有點便宜的自我開脫。

昆德拉在捷克變天後也沒有回國定居，一些晚期的作品是以法語寫成，他甚至不授權予他人將之翻譯成捷克文出版。他之在「祖國」受到冷待，與他在布拉格之春前後的犬儒政治取態恐怕有莫大的關係。

原刊於《明報》，二〇一八年九月九日

英雄暗黑，忐忑榮光

《黑暗對峙》（*Darkest Hour*）是新曆年後最佳戲碼的其中之一，單是看加利奧文（Gary Oldman）扮演英國戰時首相邱吉爾（Sir Winston Churchill）的演出，就已經值回票價。在這個時局低迷的環境下像《黑暗對峙》這種戰爭英雄電影，特別激勵人心。電影刻意地把高潮放在一九四〇年邱吉爾在國會發表的「我們永不投降」演說，無論從鏡頭調度，到剪接的處理，都成功地烘托出這位改寫英國、歐洲，以至世界歷史的政治家那種傳奇的形象。

不過，電影中的邱吉爾並不是與打敗納粹這項彪炳的戰績與勝利榮光相聯繫的，戰爭的場面幾乎沒有，大部分的篇幅反而是放在描述邱吉爾臨危受命之後忐忑的心情，對比他在公開場合的強悍氣概，和幕後對自我的懷疑和掙扎。總的來說，這是一部心理劇多於一部歷史劇。

事實上，不少具精神病專業的歷史研究者都曾指出，邱吉爾患有躁鬱症，狂躁與憂鬱經常交替出現。電影的香港中譯所指「對峙」，或者是指涉這種精神狀態的內在矛盾，多於自由民主與納粹極權之間的正邪對立。

加里波利慘敗的夢魘

邱吉爾雖然一向主戰，對納粹德國的圖謀毫無幻想，但臨危受命之際卻充滿焦慮猶疑是有原因的。一來是當時大部分人對委他以重任，其實大有疑慮，原因是他狂妄的性格，以及並不太光彩的往績。邱吉爾自己似乎也頗有自知之明，所以對自己突然被提名接任因為「綏靖政策」失敗下台的張伯倫（Neville Chamberlain）也感到愕然。而就算他接手之後，心裡仍然受困於過去在政治上和軍事上的失敗。在電影中，邱吉爾就親自提及使他介懷的兩件往事：其一是他青年時期在南非洲英國與布爾人（Boer）的戰爭中當隨軍記者時被俘；其二就是他在加里波利（Gallipoli）戰事中的災難性失敗。

邱吉爾出身貴族，醉心於大英帝國主義事業，自小已有那種揚名立萬幹大事的志向。他青年時就跑遍三大洲的英國殖民地，尋找揚名機會，對戰爭、暴力毫不陌生，主張暴力鎮壓土著反抗，也絲毫不會掩飾自己的種族主義和階級傲慢。對這樣的一個邱吉爾來說，南非洲的小小挫折只是一段小插曲，但加里波利戰事的失敗，卻是真的曾經令到邱吉爾聲名狼藉，成為英國政壇上一個不大受到尊敬的人物。

「加里波利之戰」是第一次世界大戰中一場極為重要，但也是毫無必要的一場戰事。當時英、法、俄聯手對付德國和奧匈帝國，不在主戰場的奧斯曼帝國（即今日的土耳其）原本維持中立。但德軍節節勝利，成功唆使奧斯曼聯手參戰。當時俄國軍事失利被圍困，極需援助。但英國的戰時內閣在邱吉爾等人大力推動底下，竟然開拓次要戰場，入侵奧斯曼，意圖佔領加里波利以掌握航道，劍指伊斯坦堡。英國糾集遠在澳洲、紐西蘭等英屬「自治領」的軍人參戰，意圖繞道援俄。可惜軍事策略上卻慘敗收場，反而激起土耳其民族主義，也間接引起區內對以基督徒為主的亞美尼亞人大屠殺。

澳紐未忘子弟兵命喪戰場

今日，這場令邱吉爾蒙羞的戰爭往往被遺忘了，但澳紐等地卻念念不忘，每年都有「ANZAC日」悼念因這場戰爭而喪命的澳紐子弟兵。這些前英國殖民地的人民，首次在加里波利的戰爭被宗主國徵召參戰，卻慘痛地以失敗收場，英帝國的強大假象蕩然無存。這場戰爭也是澳紐等地反英／脱英的民族主義萌芽的起點。不過，最令邱吉爾耿耿於懷的，應該是旁觀被圍困的俄國政府，泥足於缺乏軍援的戰事，最終被共產革命所推翻，成為英國的心腹大敵。

邱吉爾堅持抵抗納粹德國，把士氣低沉、求和心切的英國帶往勝利，成為英國的英雄，這個英雄形象一直被戰後西方主流論述所複製。邱吉爾也因為他早早預言冷戰會降臨而被讚譽為具有遠見。但其實，邱吉爾本人最清楚，第一次大戰並沒有降伏野心勃勃的德國，方才有納粹主義報復式的回返，引發第二次大戰。而第一次大戰中邱吉爾本人在加里波利之戰在軍事戰略上作出的錯判，也有份間接令到俄國變成共產主義的蘇聯。

所以，戰後的邱吉爾並沒有迷醉在勝利之中，也沒有把歷史看成自己正確的「主戰」路線終於戰勝了「主和」的張伯倫路線而沾沾自喜，反而滿有自責意味的説：「我費盡一切努力做了許多事情，到最後一事無成。」（I've worked very hard and achieved a great deal, only to achieve nothing in the end.）這其實不是自謙之辭，也不純是憂鬱症的發作，而是站在兩次大戰之交，親自參與和見證大英帝國由盛轉衰的世局變遷而作的深沉嘆喟。

納粹宣傳片揭露英帝偽善

冷戰的情感構造，令我們往往以非黑即白的觀點去看歷史，也會以「勇於反抗」的形象而給予邱吉爾這類英國政治人物正面的評價與同情。不過，正好是在一九四一年（邱吉爾接替張伯倫不久），納粹德國上演了一部狠狠地批判大英帝國主義的宣傳片，名為 *Ohm Kruger*，內容描寫英國兩次與南非洲地區的布爾人的戰爭，主角是布爾人的領袖 Kruger。（這套電影過去長期是禁片，但最近已可以在 Youtube 上找到。）

布爾人不是土著，而是比英國人早一個世紀從歐洲（主要是荷蘭）移居南非洲開墾，尋世外桃源的農民，也可算是第一代來到非洲的歐洲殖民者。可是，當英國人來到南非開普敦（Cape），布爾人就不斷被驅趕向北和向東遷徙。而英國發現南非有龐大金礦之後，帝國主義者如羅德（Cecil Rhodes）就決意找維多利亞女王支持，立意全面侵吞波爾人的土地。〔與羅德同謀的約瑟・張伯倫（Joseph Chamberlain），也正好是後來那位「主和派」首相的內維爾・張伯倫（Neville Chamberlain）的父親。〕

電影中的 Kruger 真有其人，是一個智勇雙全、勇於反抗英帝陰謀的布爾人領袖。不過，他的兒子在英國牛津讀書，被英國人宣傳的文明理性所蒙騙，沒有反抗意志，是一個主和派，但最終在英軍的鐵蹄下醒覺，並試圖營救被囚於集中營（！）的妻子，卻被英軍殘暴地殺死。

這套反英帝的宣傳片拍得很有氣魄，大受歡迎，用意在配合當時德國的反英、反邱吉爾的宣傳，揭露英帝國主義的偽善。今日，抽離了當年的歷史背景，這套描述「勇於反抗」的領袖的電影，仍然令人熱血沸騰，可說是反帝反殖電影中的典範。可是，當你放置到它的歷史脈絡，就使人冷汗直冒，因為它印證了德國文化理論家本雅明所說，法西斯主義就是使政治美學化。

二戰結束後幾十年，世人共同的價值在於反納粹、反極權、反帝國主義，可是，歷史是由勝利者所書寫的事實並無改變。《黑暗對峙》的英文原名是*Darkest Hour*，不單是指英國在戰爭中看不見光明的日子，也指涉歷史中幽微隱晦的暗角，埋藏在沸騰的熱血和英雄主義的美學榮光底下。《黑暗對峙》大量採用來自「黑色電影」的鏡頭風格，正好是對英雄主義光榮美學的否定。

可是，正如布萊希特（Bertolt Brecht）在《伽利略傳》一劇的對白：「沒有英雄的國家真是可悲。」「不！需要英雄的國家才真的可悲。」在這個需要英雄的可悲時代，又試問誰可以認得出，那個在歷史暗角徘徊忐忑，「不是英雄」的邱吉爾？

原刊於《明報》，二〇一八年一月二十一日

向加泰隆尼亞的反抗歷史致敬

加泰隆尼亞在今年（二〇一七）十月一日舉行獨立公投，舉世矚目。多年來，香港人對西班牙的印象大部分來自足球、鬥牛，或者費林明高的舞蹈（Flamenco Dance）。你或者是「皇家馬德里」的粉絲擁蠆，或者押過注在「巴塞隆拿」身上，但你未必知道原來每次兩隊對賽，背後都是超過一噸重的國仇家恨。你或者去過巴塞隆拿旅行，導遊會帶你欣賞一場費林明高舞蹈，告訴你親身看過西班牙地道的國寶演出，卻料不到那其實是外方風俗。

可是，最近發生的這場加泰公投，卻出現警察揮動警棍鎮壓和平排隊投票老人的這種血腥衝突。天下間沒有無緣無故的愛，也沒有無緣無故的恨。或者這是一個時候，我們要清醒過來認識一下，多年來被掩埋在「足球應該和政治分離」口號底下的，是數百年來西班牙的民族衝突。自此之後，球迷觀賞「西甲」的心情，可能都不再一樣。至少當你去巴塞隆拿旅行，如果你仍要求看一場「地道的」費林明高表演，就應該知道，你的要求等於一個「鬼佬」來香港旅遊時，指定要觀賞一場「大媽舞」。

西班牙與加泰關係的四種論述

當然，加泰隆尼亞和西班牙之間在政治上及文化上是否有「本質」上的分別，視乎你是站在加泰政治中統、獨對抗的哪一方。情況比起了解「皇馬」和「巴塞」為什麼是球場內外的宿敵，費林明高是否巴塞隆拿的地方文化等要來得複雜。

西班牙學者 Leon-Solis 在他的專著《商議中的西班牙與加泰隆尼亞》中，羅列出近代四種關於「西—加」關係的論述。第一種是保守的、西班牙「大一統論」。這種論述以本質主義的角度看待西班牙文化，否認地域差異。這種西班牙大統思想的當代政治代表是當今執政的中間右翼人民黨（PP）；與這種論述針鋒相對的第二種論述，則否定西班牙民族認同是有一個不變的本質，相反地，這套承認西班牙文化傳統有變革需要的「自由西班牙」想像，把「現代性」和「歐洲思想」視為西班牙身份中需要補充和發展的部分。這套論述的當代政治代表是中間偏左的西班牙社會黨（PSOE）。

上述這兩種不同的西班牙想像，鬥爭十分激烈，儼然指出存在著兩個西班牙：一個屬於保守派，另一個屬於自由派。可是，無論鬥爭如何激烈，兩者都是以「西班牙整體」為本位。而在這兩種西班牙本位的政治文化論述之外，位處少數的加泰隆尼亞也有兩種相應的論述。

第一種是「加泰差異論」，認為西班牙的整體政治文化架構需要深刻的改革，加泰隆尼亞是這個結構的一個組成部分。只要西班牙可以改革成一個容納多語言、多文化的空間，加泰隆尼亞仍然是這個西班牙架構當中的一部分。這項論述是一九七八年西班牙民主化之後，長期在加泰地方政府執政的匯聚聯盟（CiU）的路線。第二種是「加泰斷裂論」，認為西班牙和加泰是歷史上、社會上、文化上兩個完全不同的民族。加泰的共和黨左翼（ERC）及其他更激進的獨立派都有這種思想。

加泰主義：崇尚歐洲精神

在西班牙的近代歷史上，上面這四種論述相互交纏，分分合合。有趣的是，原來我們熟悉的西班牙文化定型，其實一直是西班牙保守派刻意打造出來的身份論述。由佛朗哥的軍事獨裁時期開始，一直到今天，西班牙旅遊當局都刻意把西班牙文化塑造成充滿熱情、感性，背後的潛台詞其實是說：西班牙不是歐洲！

可是，這種「有別於歐洲」的文化身份的建構，正好是嚮往認同歐洲的自由派西班牙想像所反對的。而在選擇究竟要成為歐洲的一部分，還是保持與歐洲的距離之間，「加泰隆尼亞」就出現了「差異論」和「斷裂論」，自治訴求和獨立思想就由此滋生。因此之故，加泰文化的特色，並不僅在於加泰人不鬥牛、不跳費林明高，更在於在這些生活習慣、民俗文化的差異底下，其實是一種崇尚歐洲進步價值的精神，這套精神名之為「加泰主義」（Catalantism）。

加泰隆尼亞是西班牙最早發展工業的地區，加泰人認為自己更為靠近英、法所傳過來的啟蒙精神。可是，他們在政治上和文化上卻受制於加斯蒂利亞（Castile）（馬德里的所在地域）為中心的體制。這套體制的支柱是王權與天主教教會所享的教權，他們之間結成的反動聯盟，使西班牙人沉醉在昔日帝國主義鼎盛時期的光輝歲月，不思進取。

可是，西班牙帝國的榮光在一八九八年的加勒比海戰爭中敗於美國。國王 Alfonso 的議會改革無法成功，社會逐漸分裂，導致馬克思主義、無政府主義盛行。加泰，特別是其首府巴塞隆拿，成為激進的無政府主義者的溫床。王權無力應付，惟有依仗軍人行使獨裁統治，使西班牙陷入重大的撕裂。

中產階級的共和派為了聯合群眾力量完成共和革命，終結腐敗的王權，也得承諾在共和革命完成後給予加泰自治地位，以換取他們放棄成立加泰共和國的目標，成為「國中之國」。於是，全面的加泰自治，便成為共和民主西班牙一個揮之不去的政治問題。

三十年代，西班牙的法斯西主義者和保王諸派聯手，結合保守傳統的天主教勢力，形成以佛朗哥為中心的軍事叛變，引發「西班牙內戰」。英美諸國旁觀，只有力量薄弱的共和派、激進的左派和加泰自治主義者聯手反抗。法西斯大敵當前，加泰自治主義也只餘與共和派和左翼革命力量結盟的選擇。在法西斯瘋狂的進攻底下，蘇聯乘虛而入，但斯大林的目標卻並非要促成西班牙革命，反而要把那裡出現的自發革命消滅，置於其掌控之下，以利於他與希特勒之間的交易。革命被出賣，加泰的自治也消失於法西斯的鐵蹄底下。

加泰是當年反法西斯的最前線

奧威爾的名著《向加泰隆尼亞致敬》（*Homage to Catalonia*）（1938），所記述的就是這段可歌可泣的殘酷史實；海明威的《戰地鐘聲》（*For Whom the Bell Tolls*）（1940），及英國左翼導演堅盧治的電影《土地與自由》（*Land and Freedom*）（1995）也非常感人地重演了這段歷史。

三十年代的加泰隆尼亞，象徵著反法西斯主義的最前線，全世界最嚴峻的鬥爭發生在這裡，也在「國際主義」的感召底下，來自世界各地的青年湧赴巴塞隆拿等西班牙各地的前線。當年中國也有一批青年參戰，事跡也記錄在倪慧如等編寫的《當世界年輕的時候：參加西班牙內戰的中國人（1936–1939）》內。

在意大利和德國，法西斯主義在第二次世界大戰之後都失敗了，回復民主體制。但西班牙的佛朗哥政權，卻透過改變其獨裁的性質，疏遠其內部正統法西斯的核心，換裝為支持美國冷戰反共的盟友。這個獨裁體制直至一九七八年才正式放棄權力，開始左右共同分享權力，實現民主化。可是，佛朗哥年代右翼極權統治的心態，仍然未見消散。這批人站在西班牙大一統民族主義的立場，當然也是反加泰自治的對立面，毫不掩飾其懷戀佛朗哥年代及法西斯精神的心態，每每公開擺出向納粹致敬的姿態。

加泰人今天的獨立訴求當然會有不一樣的立足點，然而，與其將「西—加」關係，理解成某種僵化刻板的文化差異和比較，不如追溯與反思其百多年來的歷史脈絡，加泰的個案方能成為我們思考自身相近命運的養分。

原刊於《明報》，二〇一七年十月八日

逆權論我城

作者／安徒
總編輯／葉海旋
編輯／麥翠珏
封面設計／Karman
出版／花千樹出版有限公司
　地址：九龍深水埗元州街二九〇至二九六號一一〇四室
　電郵：info@arcadiapress.com.hk
　網址：www.arcadiapress.com.hk
印刷／美雅印刷製本有限公司
初版／二〇二〇年六月
ISBN: 978-988-8484-65-2